PriPri
プリプリ
ブックス
和の音楽で踊ろう、歌おう！
CDブック
清水玲子 監修
ニッポン！
全23曲収録の
CDつき！
わ
和っしょい運
！
JN024550
パプリカ・CMソング・ミッキーマウス音頭など、発表会や行事でも使えます！
毎日の
保育活動＆楽器遊び
プランも掲載！
メロディー譜も
ついています！
※4曲
2・3歳児＆
小学校の活動にも
オススメ！
清水玲子：総監修　リズム・キッズ・プロジェクト：協力

CDブック

清水玲子 監修

ニッポン！和っしょい運動会！

清水玲子：総監修／リズム・キッズ・プロジェクト：協力

～はじめに～

和物の曲で、かっこよく決めよう！ 踊ろう！ニッポン！和っしょい運動会

清水玲子

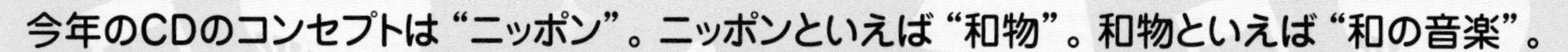
今年のCDのコンセプトは“ニッポン”。ニッポンといえば“和物”。和物といえば“和の音楽”。

和の音楽でよく使われるのは、身体中に響き渡る和太鼓、軽やかだけれど力強い三味線、その音が天まで届きそうな笛など。これらの力強い和楽器の音色が重なり合うことで、素晴らしい和物の世界観を作り上げるのです！　聞いただけでも血湧き肉躍る、五感すべてで感じられる和の音楽。そこに勇ましい掛け声、現代的なリズムや洋楽器の音色が加わると、さらにかっこよく生まれ変わるのです。このようなかっこいい音楽、そして大人っぽい音楽に優雅な音楽、それから忘れてはいけないかわいい音楽も、演目としてまたBGMとして、様々な場面でたくさん使ってくださいね。

和物の衣装には、はっぴにはちまき、たすき掛け！　手具には、布うちわ、ばち、鳴子、しゃもじなど。さらに今年は ◎◎ を！（ぜひブックを見てビックリしてくださいね）

演出では、園庭や運動場でも目立つ色をカラフルに使い、振り付けと隊形はあまり凝らずにいつもと同じにして簡単に。

～ここでちょっとひと工夫～

- 子どもたちがCDに合わせて自然と口ずさみ歌うようになったら、録音してそれを流すもよし！
- オリジナル曲は、ふだんの保育のときから小さい音でかけ続けて、耳が慣れるように導入しよう。
- 演目の最後に感動の拍手が起こるよう、決めポーズは長めに！

さぁ、みんなで楽しんで練習して、1歳児から小学生まで、かわいく&かっこよく、魅力的で記憶に残るような運動会を企画してくださいね。

音楽選びは大切！

音楽活動には大きく分けて3つの活動がある

❶ 歌をうたう・楽器などを演奏する活動。
❷ 身体で表現（音楽であそぶ・リズムに合わせて動く・踊る）する活動。
❸ 聞いて（何気なく聞こえてくる）あるいは聴いて（注意して聞く）感じる活動。

これらの音楽活動は、大人も子どもも共通であり、素敵な音楽に包まれて楽しい体験をすることで、心が感じ共鳴して、豊かな感性や創造力、表現力を育てると考えられます。そのため音楽選びがとても大切になります。何度聞いても飽きない、素敵で楽しい音楽を使って、運動会を子どもたちと共に作り上げましょう。

曲のテンポは？

収録曲を初めて聞いたときは、テンポが速く感じられると思います。このCDに限らずどんな曲でも、もう少しゆっくりのほうがいいのでは？と考えますが、テンポが遅いと練習を進めていくうちに、子どもたちは飽きてしまいます。 また、子どもは身体が小さいので、足を上げるのも手を伸ばすのも、動きが小さくてすぐに終わってしまうため、1拍をきっちりとって動くなどといった動作が苦手です。つまりテンポがゆっくりだと、半分ほどの長さで動ききってしまい、リズムに合っていないように見えてしまいます。さらに同様の理由から、大人の動きの速さと、子どもの動きの速さが違うため、行進曲などもゆっくりだと音楽に合わせることができず、だらだらと歩いているように見えてしまいます。大人が感じるより速いテンポにしたほうが、きびきびと行進しているように見えるのです。オーディオの機能やピアノなどを使って、初めはゆっくりのテンポで練習し、そしてだんだん動けるようになってきたら、インテンポで踊るようにしてみましょう。

振付のポイントは？

簡単な振付にして、同じメロディーは同じ振りを付けましょう。同じメロディーのときに同じ振りだと簡単で、保育者も子どももすぐに覚えられるので、間違えにくくなり、安心して笑顔でかっこよく踊れます。もちろん、子どもから出た動きに変化させてもOK。

隊形・衣装・手具のポイントは？

踊りやすい振付なので、隊形をひと工夫すると観客がびっくり！ また衣装・手具をちょっと工夫するだけで、華やかで効果的な演目に生まれ変わります。手具は子どもたちと一緒に作ると楽しいですね。

ふだんの保育から運動会・音楽会・おゆうぎ会へアレンジ

運動会用の振付を中心に掲載していますが、身体あそび・楽器あそびなど、ふだんの生活の中で使えるあそび方を掲載しています。まずは隊形を作らずにふだんの保育で簡単に踊ってあそび、その後、手具や衣装をつけて運動会・音楽会・おゆうぎ会へと発展させてください。今回は知っている曲も多いと思いますので、保護者も会場も巻き込んで、一緒に楽しんでくださいね。

※ オリジナル 以外の曲はカバーによる音源です。

この本の使い方

◆基本的に

この本はCDの収録曲を【振り】【楽譜】【歌詞】の順に掲載しています。
音楽は子どもたちがあそんでいるときに、BGMとして何回も保育室でかけて聞きましょう。
使用する手具の作り方はP63を参照してください。

【振り】18曲

- 同じメロディーは基本的に同じ振付です。
- 文章のみでわからないところは、イラストを参照してください。
- （　）で囲んである歌詞は、その歌詞を聞いてから動きます。
  ※歌詞自体に（　）がついているものは除きます。
- ○呼間とは、拍を数える数です。
  数えられなくても、曲調が変わるのでわかります。
- 隊形の矢印は、身体の向きや進行方向を表しています。
- 「○番と同じ」と書いてあるところを最初にチェックすると、わかりやすいです。

⑪（それ）でもおなかは へってくる
ギャロップする。
［計8呼間］

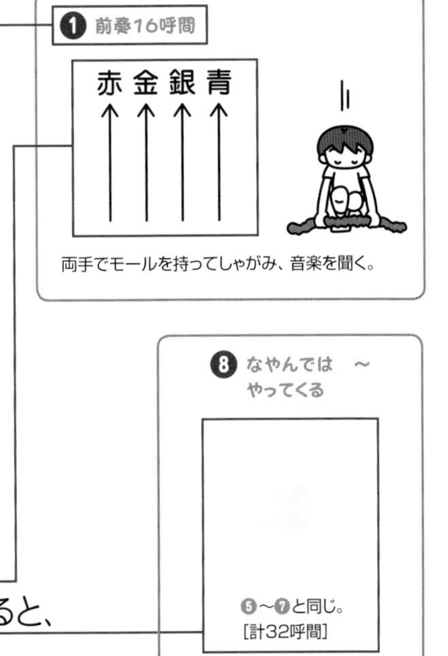

【楽譜】楽譜はオリジナル曲を中心に、コード付きのメロディー譜を掲載しています。
【歌詞】インストやBGM以外の曲はすべて掲載しています。

◆アレンジを

- 子どもの人数や会場の広さなど、それぞれに合わせてアレンジしましょう。
- 子どもから出てきた動きを生かしてアレンジした、オリジナルの振付ももちろんOKです。
- 隊形が難しい場合は、省いたり変更したりしてアレンジ。子どもの動きや人数に合わせて変化させましょう。
- 全園児+大人対象となっている曲は園児&保育者・観客総出演にアレンジ。声を出したり踊ったりして会場を一体に！ みんなで盛り上がりましょう。

保育者が楽しいと子どもたちも保護者もより楽しく、
思い出深い行事となります。
さぁ、いろいろな音楽で楽しい運動会を！ 和っしょい!!

忍者修行体操(虫の声より) オリジナル

対象
全園児

隊形
自由

❶ 前奏A　24呼間(笛の音+「～はじめます」)

8呼間は音楽を聞く。次の16呼間で、首をゆっくりまわす(反対まわしも)。

❷ 前奏B　16呼間

8呼間は、右手は胸の前、左手は横に広げて、小走りでその場を走る。次の8呼間は左手を前、右手を横で。

1番 ❸ にんじゃしゅぎょう

両手を胸の前からまわして人差し指を組み。片足を上げる。[8呼間]

❹ そのいち

指を組んだまま、ストップ。
「いち」で左手は腰にあて、右人差し指を前に出す。[8呼間]

忍法 手裏剣の術
❺「にんぽう　～
なげてみよう」

片足を上げたまま、右人差し指を顔の前で立てて、目をつぶる。[16呼間]

❻ シュシュシュシュ　～　シュシュシュシュ…

右左2回ずつ、手裏剣を投げるように両手の平をすり合わせる。歌詞に合わせてこの動作をくり返す。

❼ 8呼間

両手両足をバタバタさせる。

❽ 16呼間

❷と同じ。

❾ にんじゃしゅぎょう そのに

❸❹と同じ。「そのに」は指を2本出す。[計16呼間]

忍法 隠れ蓑の術

❿「にんぽう ～ かくれよう」

2本指で❺の動作をする。[16呼間]

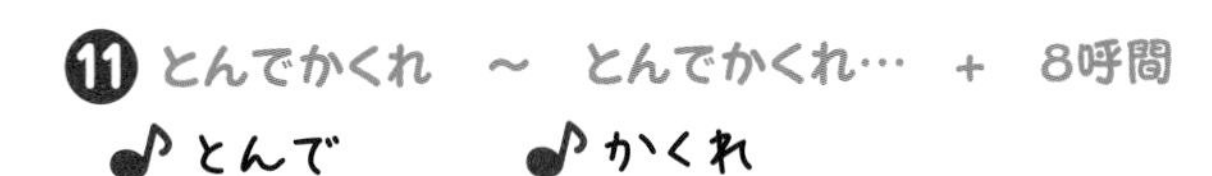

⓫ とんでかくれ ～ とんでかくれ… ＋ 8呼間

♪とんで ♪かくれ

ジャンプしてから手の甲で顔をかくし、しゃがむ。歌詞に合わせてこの動作をくり返してから、❼をする。

⓬ まいにち まいにち やりとげよう

両手をボクシングのように右左交互に出す。[16呼間]

⓭ ああ おもしろい にんじゃしゅぎょう

「ああ おもしろい」でその場を走りながら7回手拍子した後、❸のように指を組んで片足を上げる。[16呼間]

⓮ 間奏A 32呼間

脱力しながら8呼間ずつ、両手と体を上げ下げする。この動作を2回。

⓯ 間奏B 16呼間

❷と同じ。

2番 ⑯ にんじゃしゅぎょう そのさん

③④と同じ。「そのさん」は指を3本出す。[計16呼間]

忍法 壁登りの術

⑰「にんぽう ～ のぼろう」

3本指で⑤の動作をする。[16呼間]

⑱ みぎひだり ～ みぎひだり… ＋ 8呼間

右手足を上げてからもどす。次に左で。歌詞に合わせてこの動作をくり返してから、⑦をする。

⑲ 16呼間

②と同じ。

⑳ にんじゃしゅぎょう そのよん

③④と同じ。「そのよん」は指を4本出す。[計16呼間]

忍法 分身の術

㉑「にんぽう ～ むこう」

4本指で⑤の動作をする。[16呼間]

㉒ まえうしろ ～ まえうしろ… ＋ 8呼間

両手足を横に広げながら、前と後ろを交互に向く。歌詞に合わせてこの動作をくり返してから、⑦をする。

㉓ まいにち ～ にんじゃしゅぎょう

⑫⑬と同じ。[計32呼間]

㉔ 間奏32＋16呼間

⑭②と同じ。

3番 ㉕ にんじゃしゅぎょう そのご

❸❹と同じ。「そのご」は指を5本出す。[計16呼間]

忍法 竜巻の術
㉖「にんぽう ～ まわそう」

5本指で❺の動作をする。[16呼間]

㉗ グルグル ～ グルグル… ＋ 8呼間

腰から回旋する（反対まわしも）。歌詞に合わせてこの動作をくり返してから、❼をする。

㉘ 16呼間

❷と同じ。

㉙ にんじゃしゅぎょう そのろく

❸❹と同じ。「そのろく」は両手で5本と1本を出す。[計16呼間]

忍法 飛び石の術
㉚「にんぽう ～ よことびしよう」

5本指と1本指で❺の動作をする。[16呼間]

㉛ ピョンピョン ～ ピョンピョン… ＋ 8呼間

片足で右左に横跳びをする。歌詞に合わせてこの動作をくり返してから、❼をする。

㉜ まいにち ～ にんじゃしゅぎょう

⓬⓭と同じ。[計32呼間]

㉝ 後奏16呼間（「～れい！」）

両手を腰にあて音楽を聞き、最後に「れい！」でおじぎをする。

龍馬伝（NHK大河ドラマ「龍馬伝」オープニングテーマ）

対象
年長

準備 雲＝布うちわ2枚（白または水色）
龍2体

♫ひとことメモ♫
アルファベット表記（A～J）はP50の楽譜も参照。インストのため、楽譜にタイムをのせています。●は先頭の子どもの位置。

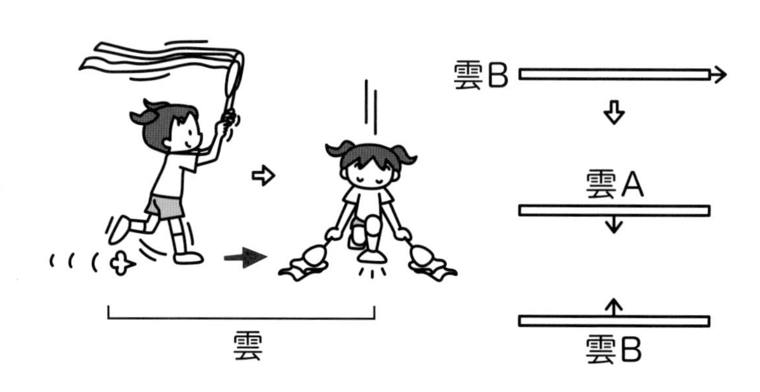

全員：音楽を聞く。

雲：両手を上げて走って入場する。最後に内側を向いてしゃがむ。

❸ B 32呼間（0：22～）

雲

雲：両手でリズムをとりながら下で布うちわを振る。

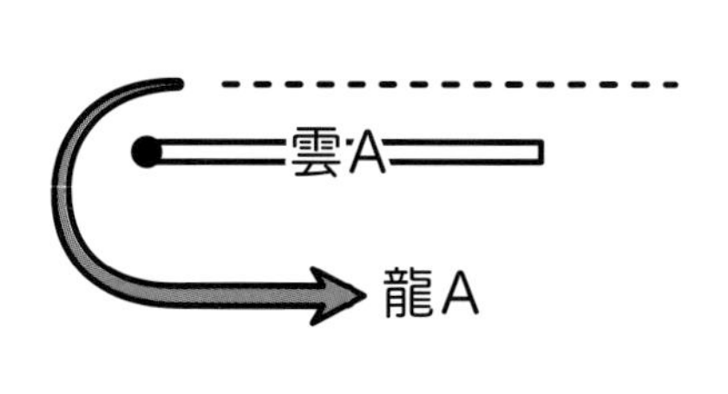

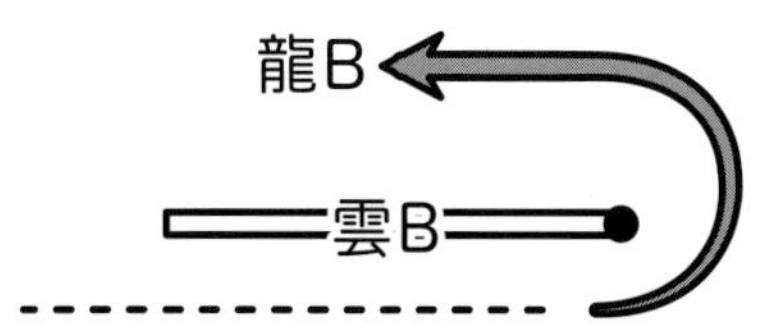

龍

雲

C

龍：入場し、雲の周りを走って1周する。

雲：C は、しゃがんで、8呼間ずつ、布うちわを右左交互に振りながら上下する。この動作を4回。
C' は、立って同じ動作をする。

5 D D' 16+16呼間（1：14〜）

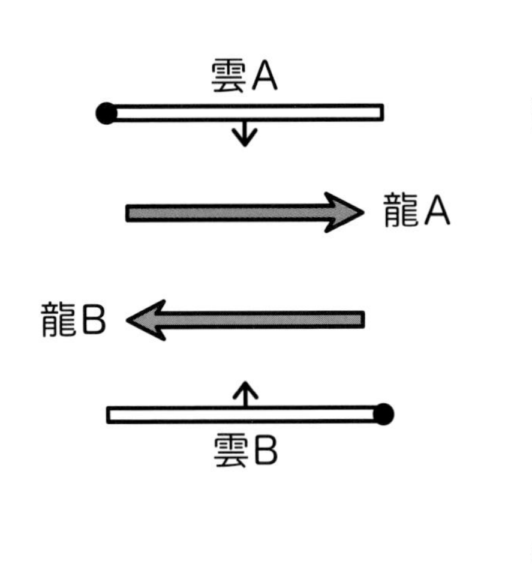

龍：頭の上まで上げて8呼間ストップする。
次の8呼間はしゃがむ。この動作を2回。
雲：両手を上げたり下げたり、龍と同じ動作。
この動作を2回。

6 4呼間（1：31〜）

全員：しゃがんだまま音楽を聞く。

7 E 32呼間（1：33〜）

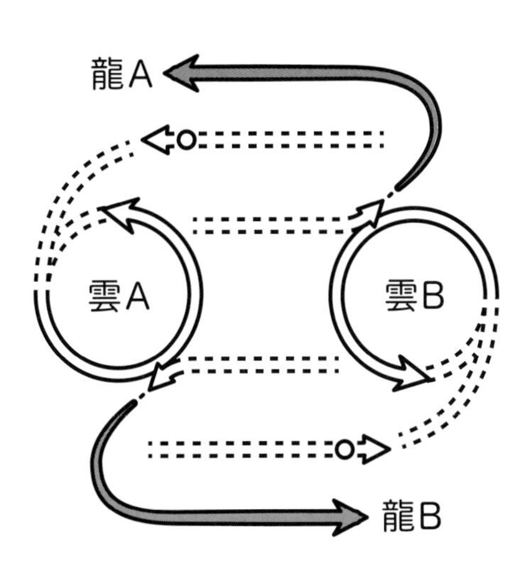

龍：立ち上がり、走って隊形移動する。
雲：両手を上げながら走って、2つ円に隊形移動する。

8 F 32呼間（1：50～）　　**9** G 16＋4呼間（2：07～）

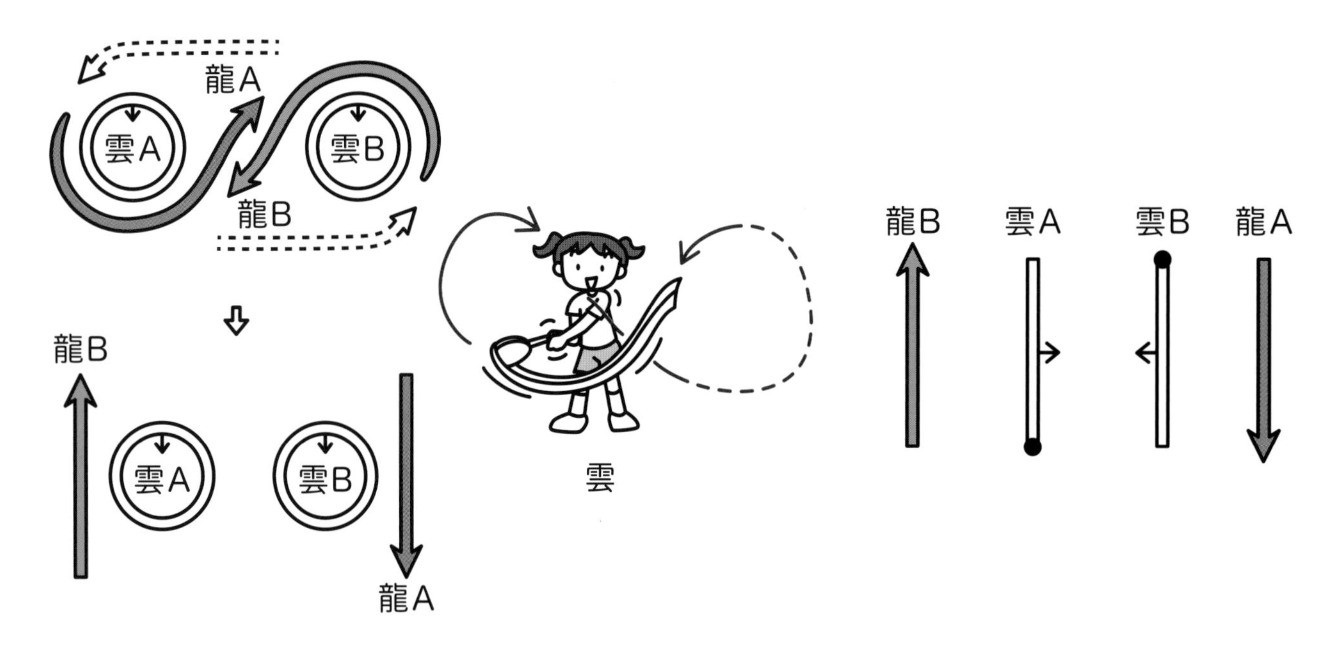

龍：雲の周りを走り、最後に縦2列（雲の外側）になる。
雲：布うちわを2枚合わせて持ち、8の字を描く。

龍：しゃがむ。
雲：走って縦2列（龍の内側）に隊形移動し、最後にしゃがむ。

10 H I 48呼間（2：18～）

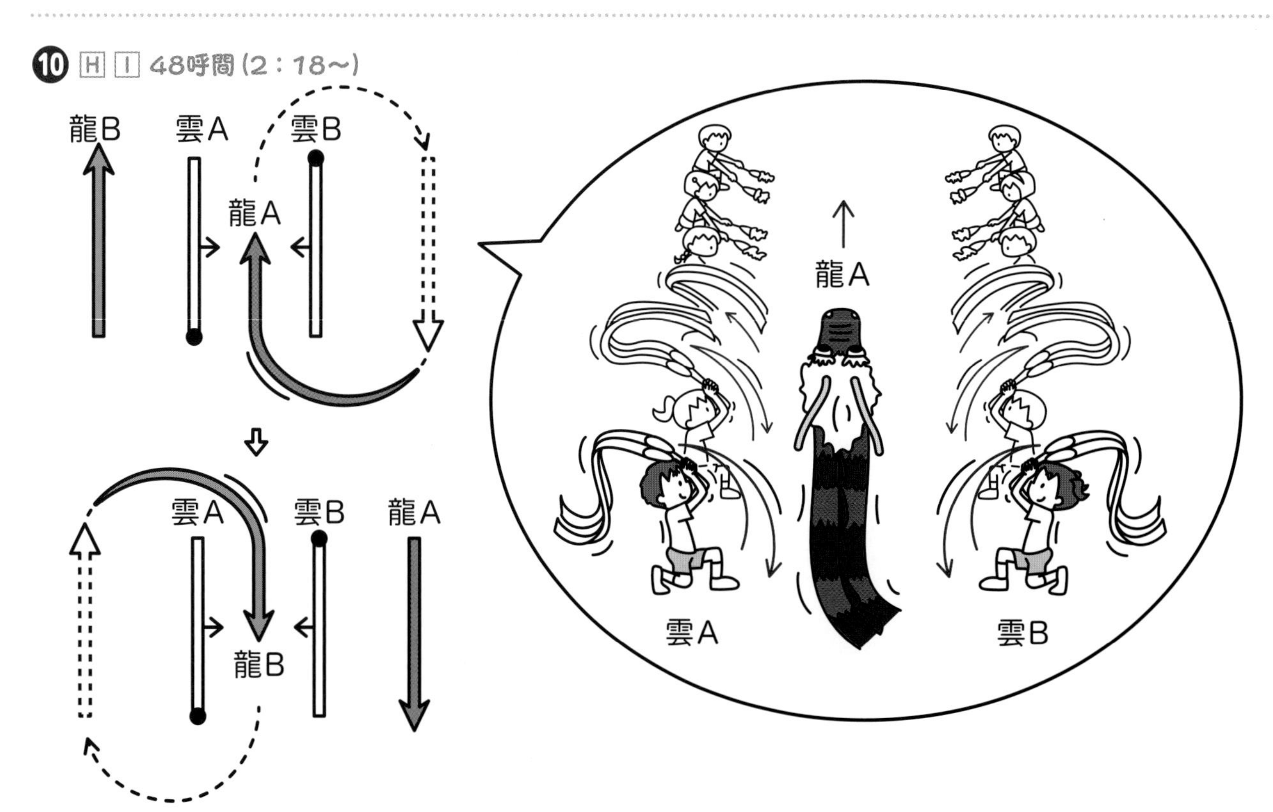

龍：1体ずつ雲の間を通り、9の元の位置にもどる。
雲：龍が目の前を通ったときに、両手を上げ下げして波を作る。

⑪ J 8呼間（2：44〜）

龍B　雲A　雲B　龍A

全員：しゃがんでストップする。

⑫ F 32呼間（2：48〜）

龍B　雲A　雲B　龍A

バサ　バサ　バサ　バサ

雲A　雲B

龍：ストップしたまま。
雲：8呼間ずつ、布うちわを上で振りながら、中心まで走り、
　元の位置にもどる。この動作を2回。

⑬ G 16＋4呼間（3：05〜）

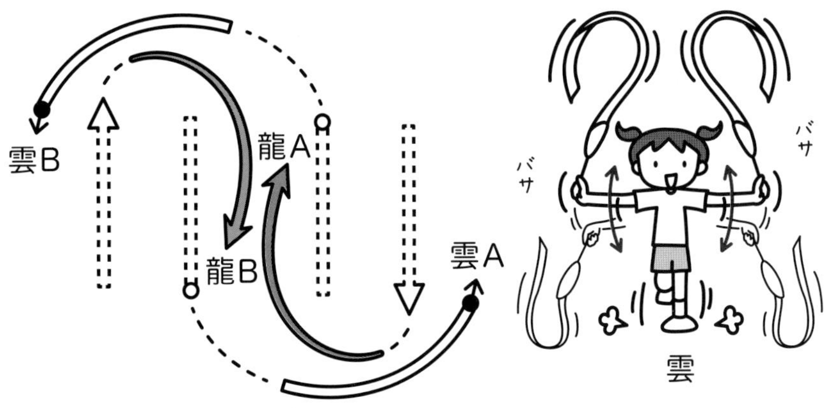

龍：立ち上がり、円の中心に走る。
雲：両手を体の横で上下させながら、走って大きな円に隊形移動する。

⑭ H 44呼間（3：16〜）

ぐる　龍B　雲B　雲A　龍A　ぐる

龍：とぐろを巻く。
雲：⑬の動作で、円の周りを走る。

⑮ I 4呼間（3：40〜）

全員：⑪と同じ。ただし雲は
　円の中心を向く。

⑯ J 8呼間（3：42〜）

龍：太鼓の音で立って、
　高く上げる。
雲：太鼓の音で立って、
　両手を広げる。

CD 3

乱舞彩祭（らんぶさいさい） オリジナル

対象 年長

隊形 縦2列1つ円 → 縦2列1つ円（入れ替え） → 4つ円

準備 布うちわ（左：黄　右：赤・緑）

衣装イメージ はっぴ

♫ひとことメモ♫
1番は赤がメイン、2番は緑がメイン。くりかえし部分（㉔以降）は赤・緑それぞれが別の振りで一緒に踊ります。

❶ 前奏A　12＋8呼間

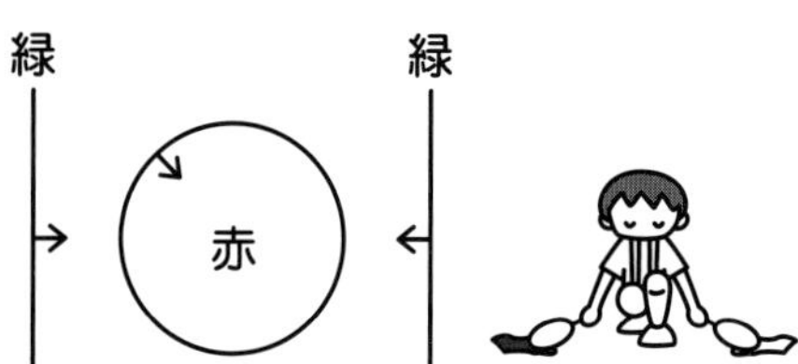

しゃがんで下を向き、音楽を聞く。

❷ 前奏B　8呼間

布うちわを胸の前で交差させつつ、ジャンプして立ち上がる。

1番 ❸ まいおどれ　まいおどれ

2呼間で、両手を揃えて前で振ってから右斜め上に上げ、左足を後ろにけり上げる。次の2呼間は反対。この動作を2回。[計8呼間]

❹ しゅんかしゅうとう　まいおどれ

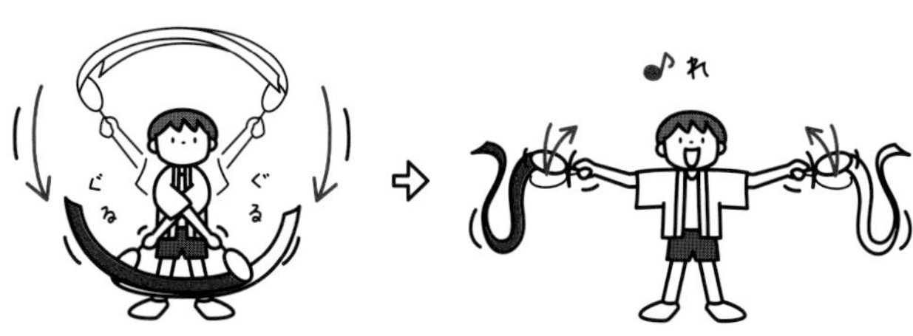

胸の前から交差させて大きく3回まわしてから、「れ」で両手を横に広げて手首を2回上下させる。[8呼間]

❺ まいおどれ　～　まいおどれ

❸❹と同じ（ただし最後は手首を振らずにストップする）。[計16呼間]

❻ ソーラン　～　（たなばた）

赤は4呼間で、左手は前のまま、右手で2回布うちわを合わせた後、後ろに振り上げて、次の4呼間はストップする。
緑は4呼間ストップしてから赤と同じ動作。[計8呼間]

❼ ワッショイ　～　(ワッショイ)

赤は4呼間で、両手を揃え、掛け声に合わせて4回振り上げて、次の4呼間はストップする。
緑は4呼間ストップしてから赤と同じ振り上げる動作。[計8呼間]

❽ ちちぶ　～　(ワッショイ)

❻❼と同じ。[計16呼間]

❾ (ま)つりだ　まつりだ

赤は、8呼間で円の中心に布うちわを振りながら走って入り、次の8呼間で元の位置に戻る。この動作を2回。
緑は、その場にしゃがんで、2呼間ずつで布うちわを左右に揺らす。
[計32呼間]

❿ たいまつに　てらされて

赤は、4呼間で右手は斜め上、左手は斜め下にする。次の4呼間で右左上下を入れ替える。
緑は、しゃがんだまま、1呼間ずつ布うちわを右左交互に揺らす。[計8呼間]

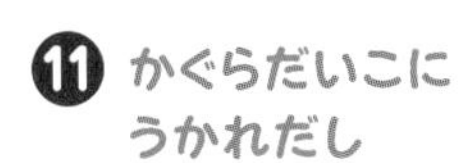

⓫ かぐらだいこに うかれだし

赤は、両手を前にして、1呼間ずつ右左交互に布うちわを振る。
緑は❿と同じ。[8呼間]

⓬ かがりび　～ のって

❿⓫と同じ。
[計16呼間]

⓭ あつきこころ

4呼間ずつ、赤はしゃがんでから、両手を広げて立つ。
緑は両手を広げて立ってから、しゃがむ。[計8呼間]

⓮ みだれみだれ　まいおどれ　ヤー

赤・緑共通

全員で、4呼間は布うちわを頭の上で2回まわして、次の4呼間は、素早くその場をまわってから両手を広げて上げる。[計8呼間]

⓯ 間奏16呼間

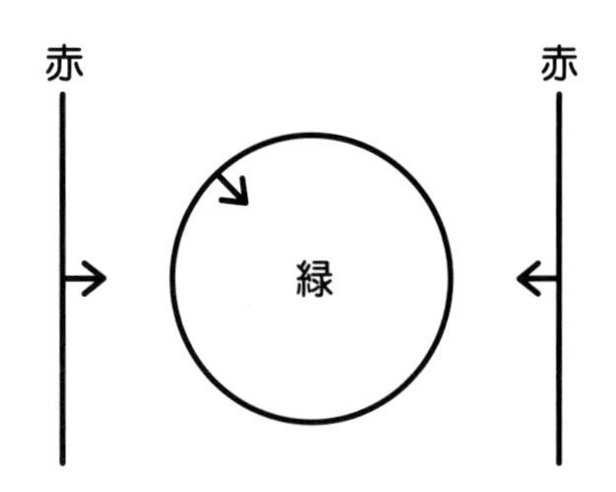

両手を上げて、赤は縦2列に、緑は円に走って隊形移動する（赤・緑それぞれ入れ替わる）。

2番

⓰ まいおどれ　～（ワッショイ）

⓱ はなやかに　～　まいおどれ

❸～❽と同じ（赤・緑の動作が入れ替わる）。[計64呼間]

❾と同じ（ただし、赤・緑の動作が入れ替わる）。[計32呼間]

⓲ いろどりの

緑は、2呼間ずつ頭の上で右左に布うちわを振る。
赤は、しゃがんだまま、1呼間ずつ布うちわを右左交互に揺らす。[8呼間]

⓳ （ゆ）めのせて

緑は、胸の前で両手を交差させてリズムをとりながら、2呼間ずつで右手と左手の上下を入れ替える。
赤は⓲と同じ。[8呼間]

⓴ いのりをこめ　ささげよう

⓲⓳と同じ。[計16呼間]

㉑ あつき　～　まいおどれ　ヤー！

⑬⑭と同じ。[計16呼間]

㉒ 間奏32呼間

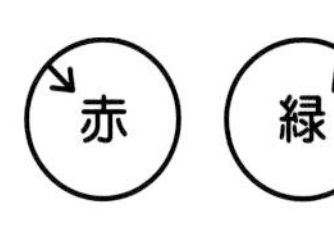

赤は1呼間目、緑は9呼間目で走り出し、4つ円に隊形移動して円の中心を向いてしゃがむ。
最後の8呼間は、立ち上がって音楽を聞く。

㉓ まつりだ　～　のって　／　はなやかに　～　ささげよう

赤は⑨～⑫、緑は⑰～⑳をする。[計64呼間]

㉔ あつき　～　まいおどれ　ヤー！　／　あつき　～　まいおどれ　ヤー！

㉑と同じ。
[計16呼間]

㉕ まいおどれ　～　まいおどれ

㉖ みだれみだれ　～　まいおどれ　ヤー！

ギャロップする。[計32呼間]

⑭と同じで、最後に「ヤー！」と言う。[計8呼間]

CD 4

よさこい希望の海へ オリジナル

対象 年長

隊形 列 → 4つ円 → 横4列

準備 はっぴ、鳴子2つ

♫ひとことメモ♫
❼〜❾はA・CとB・Dが交互に踊ります。

❶ 前奏A　32呼間

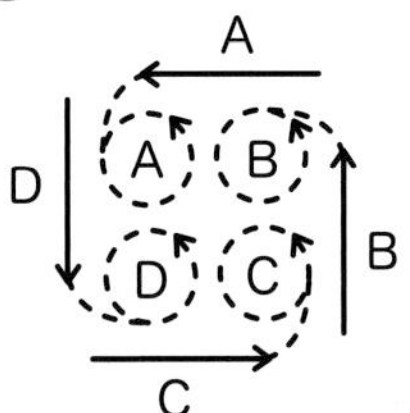

進行方向を向いてしゃがんで音楽を聞く。

❷ 前奏B　32呼間

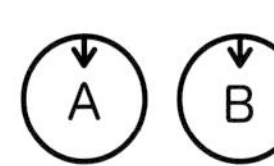

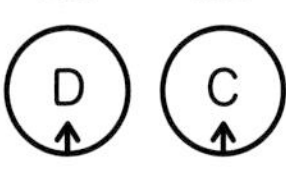

走って4つ円に隊形移動して、円の中心を向く。

1番 ❸ はるか　〜　ひが

4呼間で、両手を揃えて頭の上でまわしてから、両手と片足を横に出す。次の4呼間は、反対回しをしてから出す。この動作を2回。[計16呼間]

❹ のぼり　〜　きらめく

4呼間で、鳴子を前で1回鳴らしてから片手・片足を前に出して1歩進む。次の4呼間は反対で。この動作を2回。[計16呼間]

❺ (い)のりと　〜　ひびきあう

❸❹と同じ。[計32呼間]

❻ ドッコイ　〜　(オー！)

ギャロップする(16呼間で反対まわり)。「ヤー！」「オー！」を言う。[計32呼間]

❼ いかりあげろ(いかりあげろ)

A・Cは、4呼間で右足を斜め前に出し、両手をすくい上げる。次の4呼間はストップ。
B・Dは、4呼間両手を広げてストップしてから、A・Cと同じ動作。[8呼間]

❽ のろしあげろ(のろしあげろ)

❼の動作を左で。[8呼間]

❾ ほをはれ(ほをはれ)

A・Cは4呼間で、しゃがんでから両手両足を横に広げて立つ。次の4呼間はストップ。
B・Dは、4呼間ストップしてから、次の4呼間は、しゃがんでから広げて立つ。[8呼間]

❿ ソレソレソレソレ　オー！

全員で両手を揃えて頭の上で大きく3回まわし、「オー！」でジャンプして右手を突き上げる。[8呼間]

⑪ (なみ)のりこえて すすめ

4呼間で、右上から左下へ鳴子を鳴らす。次に左上から右下へ。[計8呼間]

⑫ (ひか)るかぜとともに

右下から弧を描くように鳴子を8回鳴らす。[8呼間]

⑬ (はて)しなく つづくうみへ

⑪と同じ。[8呼間]

⑭ きぼうをいだき

4呼間で素早くその場をまわり、次の2呼間で、胸の前で鳴子を1回鳴らしてから両手を横に広げてストップする。[8呼間]

⑮ (ゆこ)う!

4呼間で、下から鳴子を鳴らしながら上げ、次の4呼間は両手を横に広げてストップする。[計8呼間]

⑯ 間奏32呼間

鳴子を両肩に乗せて、走って横4列に隊形移動しそれぞれ向かい合う。

2番 ⑰ (な)がれる ～ さわぎだす

③～⑤と同じ。[計64呼間]

⑱ ドッコイ ～ (オー!)

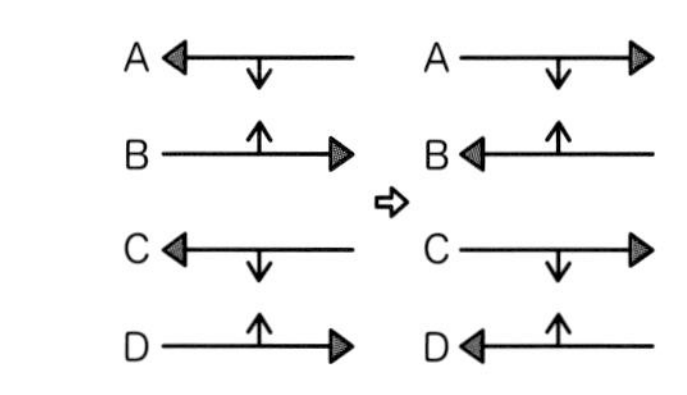

⑥と同じ。[計32呼間]

⑲ ちからの ～ めざせ!

⑦～⑮と同じ。[計72呼間]

⑳ 間奏16呼間

4呼間ずつで、両手両足を横に広げてポーズ、次に右手は前、左手は斜め後ろに広げてポーズ、最後に右と左を入れ替えてポーズをとり、最後の4呼間はしゃがむ。

㉑ (うみ)よ ～ みまもりたまえ

8呼間ずつ、鳴子を振り上げながら、前に走って進み、元の位置にもどる。この動作を2回。2回目の最後にしゃがむ。[計32呼間]

㉒ 4呼間(笛の音)

全員立ち上がる。

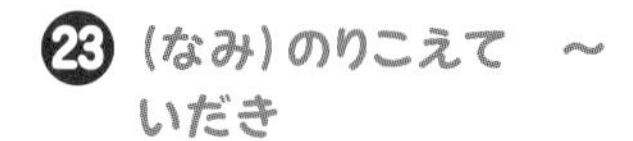

㉓ (なみ)のりこえて ～ いだき

⑪～⑭と同じ。[計32呼間]

㉔ (ゆこ)う!

8呼間で、下から鳴子を鳴らしながら上げる。この動作を2回。ただし2回目は正面を向く。[計16呼間]

㉕ 後奏8呼間

⑨のA・Cの動作と同じ。

ロックンロール県庁所在地

対象 年長

隊形 3色3人組 → 自由 → 3つ円

準備 3色ポンポン(赤　黄　青)

❶ 前奏A　16呼間

中央に集まり、右手を上げて、歌詞に合わせて「イェイ」と言う。最後の「ハーイ」でジャンプする。

❷ 前奏B　48呼間

32呼間は好きなところを走りまわってから、3色3人組に隊形移動する。次の8呼間は、ポンポンを胸の前で振る。

最後の8呼間は、右手を突き上げながら歌詞に合わせて「ワン・ツー・スリー」と言う。

1番 ❸ ほっかいどうはさっぽろおつぎは

後打ちのリズムで、右左にポンポンを振る。[8呼間]

❹ (サッポロラーメン)

赤は、ポンポンを頭の上で振りながらその場を歩いてまわる。黄青は下で振る。[8呼間]

❺ あおもり　～　(わんこそば)

❸❹と同じ。ただし、黄が上、赤青は下で振る。[計16呼間]

❻ ふくしま　～　(ささかま)

❸❹と同じ。ただし、青が上、赤黄は下で振る。[計16呼間]

❼ いばらき　～　(しゅうまい)

❸～❻と同じ。[計48呼間]

❽ ちば　～　ふくい

8呼間ずつ、赤黄青の順に、好きなところに走っていく。走っていないときはその場でストップする。この動作を2回。[計48呼間]

❾ 間奏A　32呼間

好きなところでロボット歩きをする。

❿ 間奏B　16呼間

その場で❶と同じ。

⓫ 間奏C　32呼間
（けんちょうしょざいち…）

ポンポンを前で振りながら、3つ円に隊形移動し、最後に円の中心を向く。

⓬ 間奏D　16呼間
（けんちょうしょざいち）

足を広げて、右手を4回まわし、最後に右手を上げてストップする。

2番 ⓭ みえ　～
（しろしたかれい）

❸～❼と同じ。[計96呼間]

⓮ さが　～　なは

ギャロップする。[計32呼間]

⓯ ロックンロール　～　けんちょうしょざいち

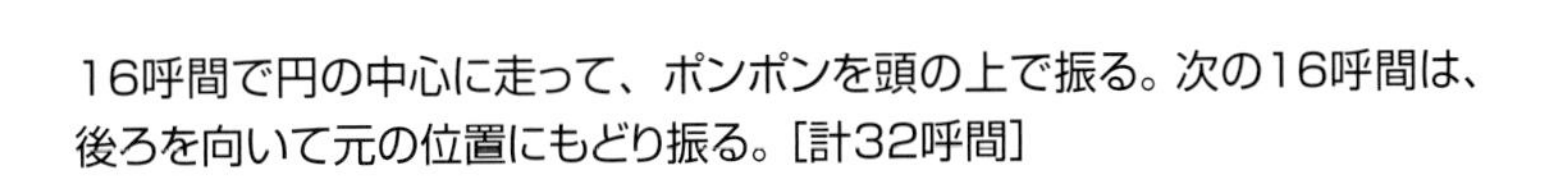

16呼間で円の中心に走って、ポンポンを頭の上で振る。次の16呼間は、後ろを向いて元の位置にもどり振る。[計32呼間]

⓰ 後奏16呼間

⓬と同じ。

CD 6 みんながみんな英雄

対象 年中

隊形 縦4列 → 4つ円 → 横4列

準備 4色モール（赤 金 銀 青）

♫ひとことメモ♫

モールの両端に結び目を作り、右の人差し指だけを入れると踊りやすいです。
2番は1番と同じ振付を踊ってもよいです。

結び目

❶ 前奏16呼間

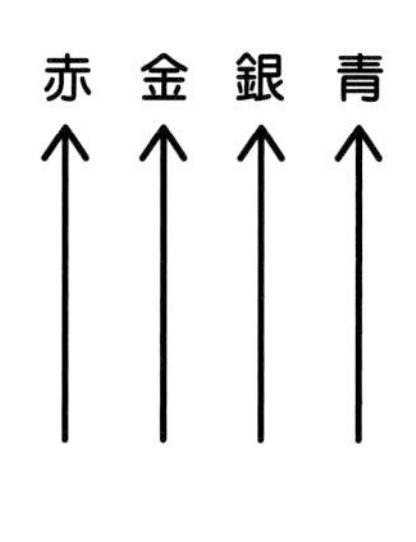

両手でモールを持ってしゃがみ、音楽を聞く。

1番 ❷ （とく）べつじゃない　えいゆうじゃない

4呼間ずつ、両手を上げ下げする。[計8呼間]

❸ （みん）なのうえにはそらがある

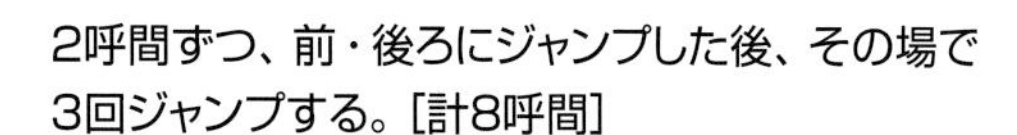

2呼間ずつ、前・後ろにジャンプした後、その場で3回ジャンプする。[計8呼間]

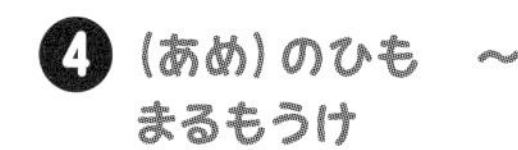

❹ （あめ）のひも　～　まるもうけ

❷❸と同じ。[計16呼間]

❺ ふりむけば　～　ともがいる

4呼間ずつ右左に振ってから、胸の前でまわす。この動作を2回。[計16呼間]

❻ （はし）って　ころんで　ねそべって

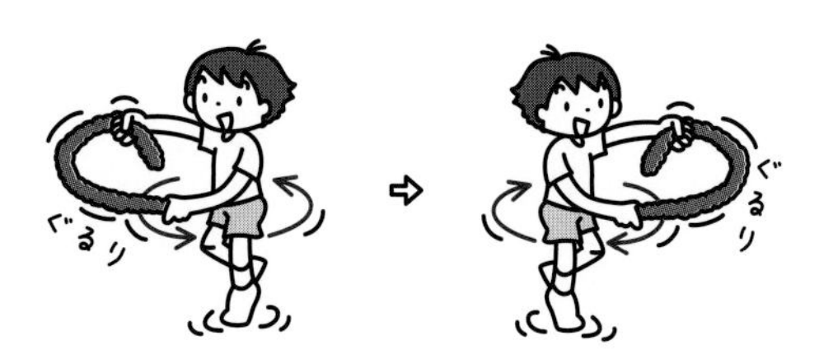

4呼間ずつ、その場を素早くまわる（反対まわりも）。[計8呼間]

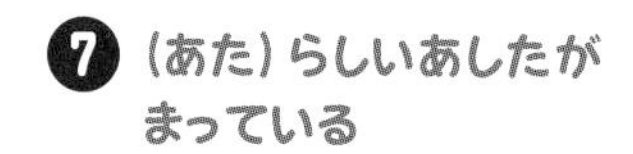

❼ （あた）らしいあしたがまっている

しゃがんでから「る」で右手を上げて立ち上がる。[8呼間]

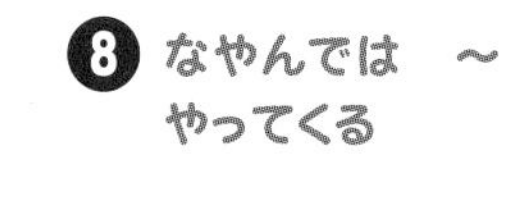

❽ なやんでは　～　やってくる

❺～❼と同じ。[計32呼間]

⑨ 間奏32呼間

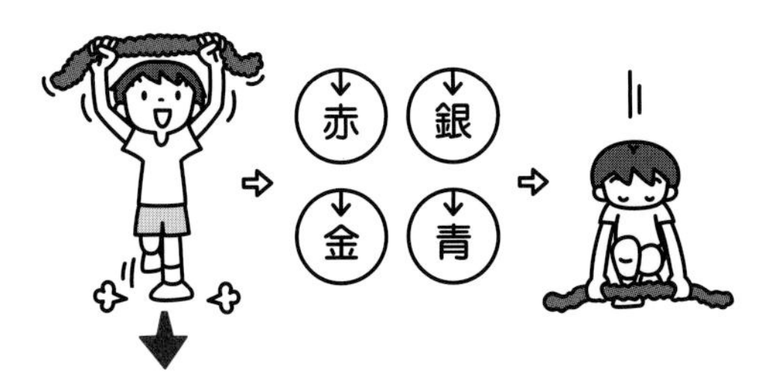

モールを頭の上で横に持ち、走って4つ円に隊形移動して、最後に円の中心を向きしゃがむ。

2番

⑩ （いい）ことがない うまくいかない

❷と同じ。[8呼間]

⑪ （それ）でもおなかは へってくる

ギャロップする。
[計8呼間]

⑫ （むか）い ～ そよかぜ

❷⓫と同じ。
[計16呼間]

⑬ そらみれば ～ にじがでる

8呼間ずつ、モールを上で振りながら、円の中心に走ってから元の位置にもどる。[計16呼間]

⑭ （だれ）も かれも ～ もっている

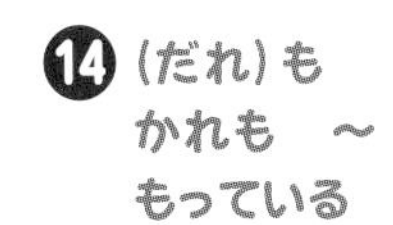

❻❼と同じ。
[計16呼間]

⑮ はしっては ～ なってゆく

⓭❻❼と同じ。
[計32呼間]

⑯ 間奏32呼間

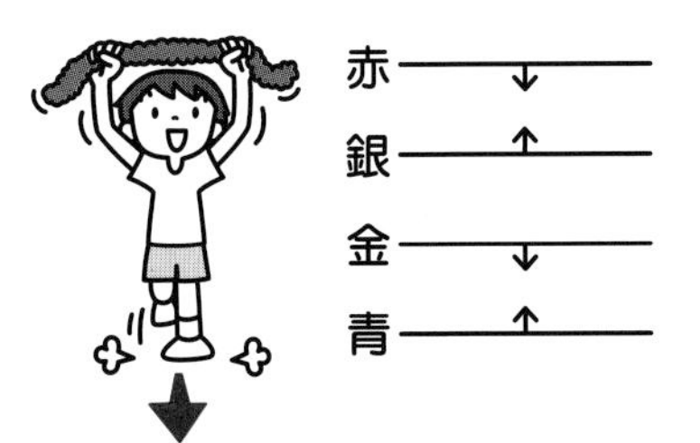

❾の動作で、横4列に隊形移動して、最後に向かい合う。

⑰ ふりむけば ～ やってくる

⓭❻❼を2回。
[計64呼間]

⑱ ラランララン ～ ラランララン

8呼間で、モールを胸の前で4回まわす。次の8呼間は反対まわり。この動作を2回。[計32呼間]

⑲ （とく）べつじゃない ～ そらがある

❷をしてから、右左交互に片足を2回ずつ上げ、ラインダンスをする。[計16呼間]

⑳ （あめ）のひも ～ まるもうけ

❷をしてから、右左交互に片足を4回ずつ上げ、ラインダンスをする。[計24呼間]

㉑ 後奏8呼間

しゃがんで、最後の2呼間で右手を上げて立つ。

CD 7

金毘羅船々（こんぴらふねふね）～サンバver.～

対象：年中

隊形：4つ円 → 縦4列 → 2つ円 → 自由 → 2つ円

準備：しゃもじ2本

衣装イメージ：はっぴ、手ぬぐい

❶ 前奏A　16呼間

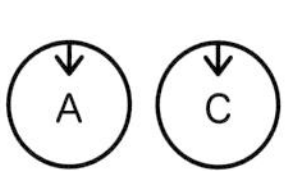

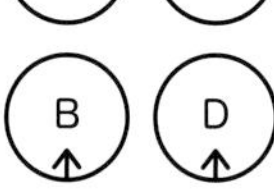

円の中心を向き、脇でリズムをとる。

❷ 前奏B　32呼間

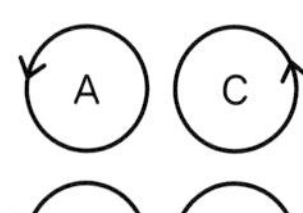

しゃもじを8回たたいた後、両手を広げて歩いてその場をまわる。この動作を2回。最後に進行方向（反時計まわり）を向く。

1番

❸ こんぴら　～　ほかけて

両手を胸の前から右斜め上に上げ、左足を後ろにけり上げる。この動作を左右交互にしながら歩く。[8呼間]

❹ シュラシュシュシュ

「シュラ」で胸の前から横に開き、「シュシュシュ」のリズムに合わせてしゃもじをたたく。[4呼間]

❺ まわれば　～　だいごんげん

❸と同じ。[計16呼間]

❻ いちどまわれば

その場で素早くまわる。[4呼間]

❼ シュラシュシュシュ

❹と同じ。[4呼間]

❽ しこく　～　シュラシュシュシュ

❸～❼と同じ。最後に円の中心を向く。[計36呼間]

❾ 間奏A　16呼間（シュラシュシュシュ～）

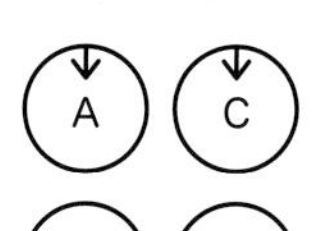
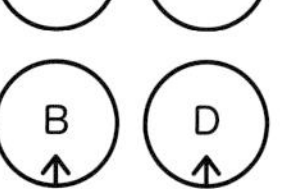

8呼間ずつ、しゃもじを前で振りながら、円の中心に歩いてから元の位置にもどる。

❿ 間奏B　32呼間

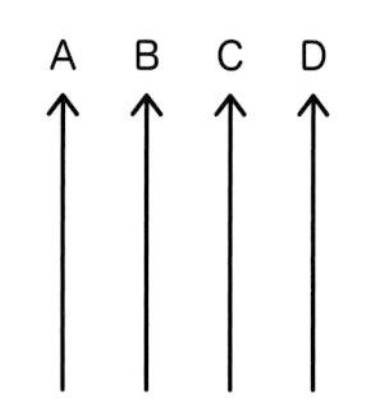

走って縦4列に隊形移動し、最後にその場にしゃがむ。

⓫ 間奏C　32呼間

C・D　A・B

始めの4呼間はしゃもじをたたく。次の4呼間で、A・Bが立ち上がって両手を頭の上でキラキラさせてからしゃがむ。C・Dは立ち上がった人に向けて手をキラキラさせる。次にA・BとC・D反対の動作。この動作を2回して、最後に全員立つ。

2番 ⑫ こんぴら ～ シュラシュシュシュ

その場で③～⑧をする。ただし、⑧からは向かい合って踊る。[計72呼間]

⑬ 間奏A 16呼間（シュラシュシュシュ～）

⑨と同じ。

⑭ 間奏B 32呼間

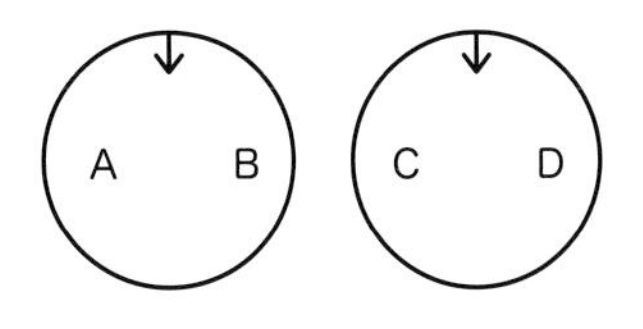

走って2つ円に隊形移動し、最後に円の中心を向いてしゃがむ。

⑮ 間奏C 32呼間（こんぴらふねふね～）

⑪と同じ。

⑯ 間奏D 32呼間

好きなところへ走り、自由隊形に移動する。

3番 ⑰ こんぴら ～ シュラシュシュシュ

同じメロディーは1番と同じ動作（③～⑧）をする。[計72呼間]

⑱ 後奏A 32呼間（シュラシュシュシュ～）

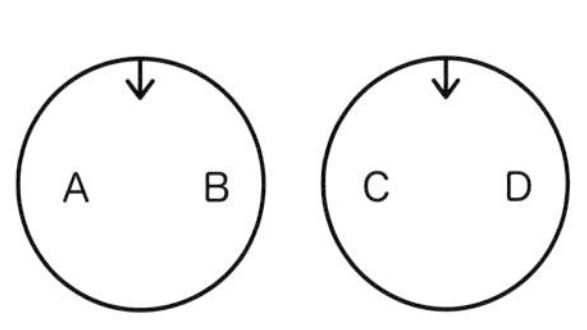

走って元の2つ円に隊形移動した後、④をする。

⑲ 後奏B 32呼間（シュラシュラシュラシュラ～）

⑨を2回してから、最後に片手を上げてジャンプする。

楽器あそび

準備 カスタネット、タンバリン、鈴、トライアングル

③ ⑤

カスタネット・タンバリン・鈴・鈴の順番で、♩で1回ずつ鳴らす。

④ ⑦ ⑧ ⑨

「シュラ」は休み、「シュシュシュ」は全員で上のリズムを鳴らす。

⑥ いちどまわれば

トライアングルがトレモロをする。

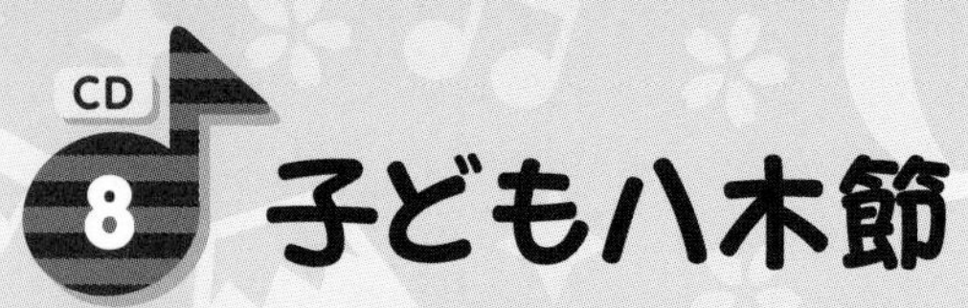

子ども八木節

対象 年中

隊形 横2列 → 2つ円

準備 ばち、2色アームバンド（赤　青）

❶ 前奏32呼間

8呼間ずつ、しゃがんでから両手を上げて立つ。この動作を2回。

1番 ❷ アーーー

下からばちを細かく振り上げる。[16呼間]

❸ こよいあつまる　みなさまがたよ

4回ばちをたたいてから、両手を横に広げる。[8呼間]

❹ しかくしめんの　やぐらのうえで

4回ばちをたたいてから、右手右足を前に出す。[8呼間]

❺ おどりだすのは　～　ちょうだいしまして

❹を左でした後、❸をする。[計16呼間]

❻ ふえや　～　そろって

2呼間で、両手は胸の前から右斜めに上げ、左足を後ろに蹴り上げる。次の2呼間は左で。この動作を4回。[計16呼間]

❼ くるりおどると　ヨーイサネ

4呼間は素早くその場をまわり、次の4呼間で2回ばちをたたいてから両手を上げる。[計8呼間]

❽ ピーピーピーヒャララ　～　ピーヒャララ

8呼間ずつ、ばちをたたきながら、前に歩いてから元の位置にもどる。最後に後ろを向いてしゃがむ。[計16呼間]

❾ 間奏32呼間

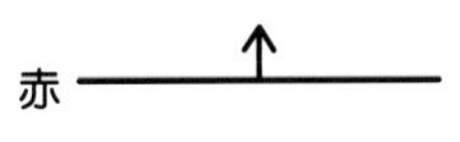

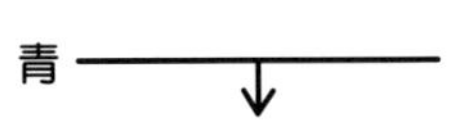

❶と同じ。

2番 ❿ アーーー　～　ピーヒャララ

同じメロディーは1番と同じ動作（❷～❽）をする。[計88呼間]

⓫ 間奏48呼間

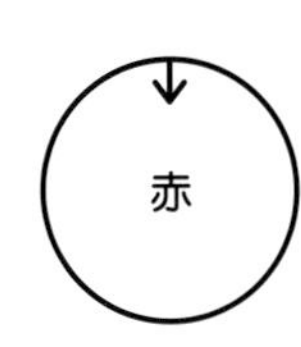

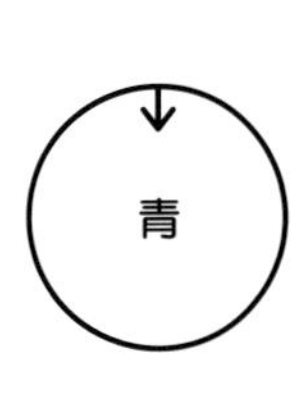

肩にばちをのせて、走って2つ円に隊形移動し、円の中心を向く。

3番 ⓬ アーーー　～　ヨーイサネ

❷～❼と同じ。[計72呼間]

⓭ ピーピーピーヒャララ　～　ピーヒャララ

❽を2回（ただし最後は後ろを向かない）。[計32呼間]

⓮ 後奏8呼間

❼と同じ。

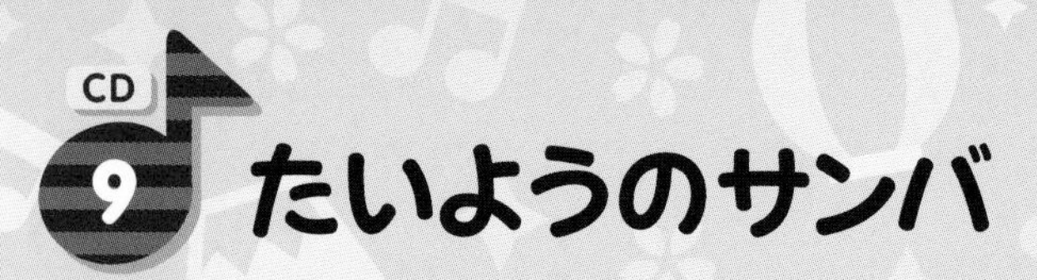

たいようのサンバ

対象 年中

隊形 縦2列 → 円

準備 2色ポンポン（A：赤　B：黄）

♫ひとことメモ♫
⑫で腕を組んで踊るのはいつも同じペアです。

❶ 前奏A　16呼間

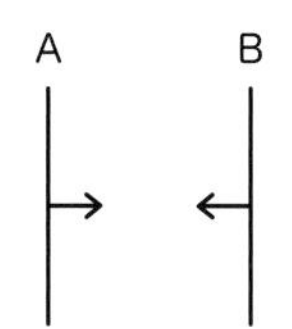

向かい合って音楽を聞く。

❷ 前奏B　16呼間

右手を胸の前でくるくるまわす。

1番 ❸（きょ）うは　～　おひさまが

4呼間ずつ、両手と右足を右に2回出してもどす。次に左。[計8呼間]

❹（ひかっ）てる

両手を広げて、ポンポンを振りながらその場をまわる。[8呼間]

❺（き）のうの　～　おいてきて

❸❹と同じ。[計16呼間]

❻（リュッ）クに　～　おもいきり

Aは、4呼間で頭の上でポンポンを4回振ってからしゃがむ。次の4呼間はしゃがんで振る。
Bは、4呼間しゃがんでから、Aと同じ動作。[計8呼間]

❼（つめ）こんで

❹と同じ。[8呼間]

❽（つ）いでに　～　つめこもう

❻❹と同じ。[計16呼間]

❾ こころ　～　でかけよう！

2呼間ずつで、6回ジャンプして前に進んでから、両手を上でキラキラさせる。[計16呼間]

❿ ちょっと　～　おこりそう

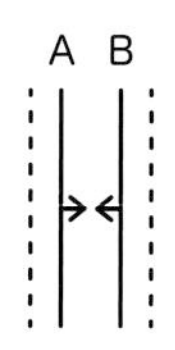

❾と同じで、AとBがさらに近づいて行く。[計20呼間]

⓫（たいようの）サンバ　～　サンバ

A・B向かい合わせの人と向き合って、右足を右斜め前に一歩出して、体を細かくゆらしてから気をつけをする。次に左で。[計8呼間]

⓬（みんな）でうたおうよ

右腕を組んでスキップしながらその場をまわる。[8呼間]

⓭（たいようの）～　にちようび

⓫⓬と同じ。[計16呼間]

⑭ 間奏32呼間

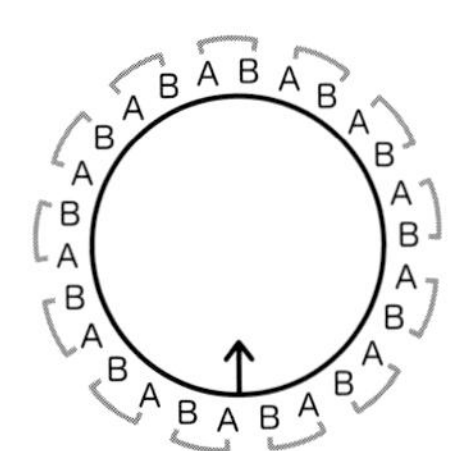

ポンポンを胸の前で振りながら、歩いてA・B混合円に隊形移動して円の中心を向く。（⑫でペアを組んだ人が隣に来るように）

2番 ⑮ （み）どりの ～ ボクとでいこう！

③～⑨と同じ。
（⑨は円の中心に向かう）［計80呼間］

⑯ ちょっと ～ いっしょさ

後ろを向いて⑨と同じ。
［計20呼間］

⑰ （たいようの）サンバ ～ にちようび

⑫のペアで、⑪⑫を2回。
［計32呼間］

⑱ こころ ～ にちようび

⑨⑯の動作の後、⑰を2回。
［計100呼間］

⑲ 後奏16呼間

ジグザグさせながら上下する。最後の4呼間で、小さくなってから立って両手を上げる。

手・指合わせあそび

❶❷

2人組で向かい合って、脇でリズムをとる。

❸

4回手拍子をしてから、4回両手合わせをする。

❹

4回手拍子をしてから、4回交差で両手合わせをする。

❺

右手
左手

4回手拍子をしてから、4回右手合わせ。次に4回手拍子をしてから、4回左手合わせをする。

❻❼

2回ずつで、❸～❺をする。

❽

1回ずつで、❸～❺を2回。

❾❿

4呼間で、かいぐりしてから両手の指1本を2回合わせる。次の4呼間はかいぐりしてから2本を2回合わせる。同じように3本、4本と指を増やしていく。この動作を2回した後、最後にたくさん両手合わせをする。

⓫～⓭

運動会の振り（⑪～⑬）と同じ。

＊2番以降、同じメロディーは1番と同じ動作をする。

10 ミッキーマウス音頭～カントリーver.～

対象：年少
隊形：円
準備：黒くした紙皿2枚
衣装イメージ：赤色ズボン

1 前奏16呼間

紙皿を持った両手を頭にあてて、おしりを振る。

1番 2 ミッキー　ミッキーマウス

4呼間で、両手は頭のままで、片足を斜め前に出しながら上体を傾けてもどす。次に反対。[計8呼間]

3 ミッキー　ミッキーマウス

両手を上げたまま、その場で4回ジャンプする。[8呼間]

4 ミッキー　～ ミッキーマウス

❷❸と同じ。
[計16呼間]

5 おおきな　～　「ミッキー」

最初の8呼間は、前に走ってから「ミッキー」と言って両手を前に出す。次の8呼間は、元の位置まで走ってもどってから、両手を前に出す。[計16呼間]

6 （せ）かいじゅう　～ ともだちさ

両手を左右に振りながら円の中心を向く。[16呼間]

7 げんきな　～ しゅっぱつ

❺❻と同じ。
[計32呼間]

8 だ

片手を上げてジャンプしてから、上げた手をキラキラさせる。[8呼間]

1と同じ。

同じメロディーは1番と同じ動作（2～8）をする。[計104呼間]

8呼間は上から下へ全身をジグザグさせながらしゃがみ、
次の16呼間で右左にキョロキョロしながら音楽を聞く。

12 間奏B　32呼間

両手を頭にあてて、走って保育者を追いかける。

3番 13 ミッキー　～　まっている　＋ 後奏A　8呼間

同じメロディーは1番と同じ動作（2～9）
をする。[計112呼間]

14 後奏B　16呼間

8呼間は上から下へ全身をジグザグさせながらしゃがみ、次の8呼間でジャンプして立ち上がり、両手をキラキラさせる。

ずいずいずっころばし〜ポップスver.〜

対象	隊形	準備
年少	2つ円 ○○ → 自由 → 2つ円 ○○	2色Tシャツ、2色しっぽ 2色布（赤　水色）

❶ 前奏48呼間

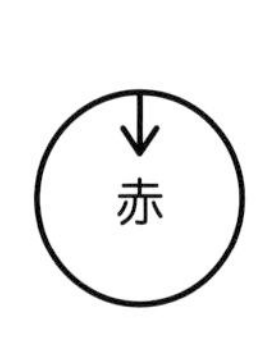

32呼間は腰に手をあてて、おしりを振る。次の16呼間はしっぽをまわす。

1番 ❷ ずいずい　〜　ごまみそずい

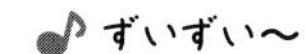

「ずいずい〜ごまみそ」まで小さくなる。最後の「ずい」で両手を上げてストップする。[計8呼間]

❸ ちゃつぼに　〜　とっぴん

手拍子を6回。
[6呼間]

❹ しゃん

両手を前に出す。
[2呼間]

❺ （ぬけ）たら　どんどこしょ

体を1回大きくまわす。
[6呼間]

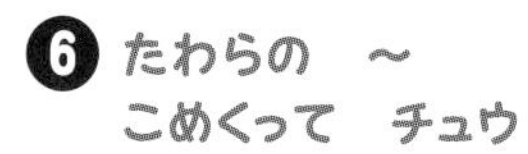

❻ たわらの　〜　こめくって　チュウ

4呼間ずつ、右左の順に顔の横でかいぐりする。[計8呼間]

❼ チュウチュウチュウ

「チュウ」の言葉に合わせて、両手を口の前で3回つき出す。[4呼間]

❽ おっとさんが　〜　いきっこなしよ

右左に4回ずつジャンプする。[計16呼間]

❾ いどのまわりで　〜　かいたの

小走りでその場をまわる。
[8呼間]

⑩ だあれ

両手で顔を隠してから、「れ」で顔を出す。［4呼間］

⑪ 間奏80呼間

保護者のところへ行き、チューをしてから好きなところへ歩く。
最後の16呼間はその場でしっぽをまわす。

同じメロディーは1番と同じ動作（❷～❿）をする。［計62呼間］

⑬ 後奏72呼間

保育者が猫になって登場し、追いかけっこをする。それぞれの色の布の中に、逃げ込む。

最後の4呼間で「チュウ」と言いながら両手を頭の上で振る。保育者は布を引く。

変則的なリズムでじゃんけんあそび

※保育者が子どもたちとじゃんけんをするときは、手拍子とじゃんけんのみ。

下記の言葉のところだけ、じゃんけんをする。勝った人は手拍子を続け、負けとあいこの人は、その場をジャンプしながらまわる。

❷ のみ全員で手拍子を6回し、最後の「ずい」でじゃんけん。

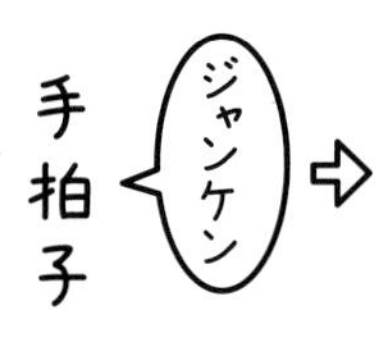

勝ち

負け・あいこ

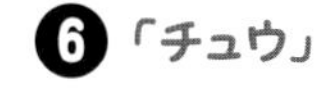

❽「よ」のつく所

❿「だあれ」

対象 年少

隊形 3つ円

準備 3色ポンポン（赤　黄　青）

♫ひとことメモ♫
⑯と⑱の移動が間に合わないときは、円の周りを歩くだけでもよいです。

❶ 前奏52呼間

12呼間音楽を聞く。

32呼間は、おしりに手をあてて円の周りを歩く。次の8呼間は、円の中心を向いて、両手を腰にあてる。

1番 ❷ まあるいかたちかな？　さんかっけい　かもなあ

8呼間で、右手を胸の前でまわしてから、「たちかな？」で上で3回振る。次の8呼間は左手で。[計16呼間]

❸ それともさ　しかくかな

4呼間で、両手を胸の前で交差させてからまわす。この動作を2回。[8呼間]

❹ むずかしいね

ポンポンを頭の上で振りながら、歩いてその場をまわる。[8呼間]

❺ しあわせの　～
きめられるはずないの

❷～❹と同じ。[計32呼間]

❻ わたしにとってみれば
おいしいものをね

両手を胸の前で交差させて、首でリズムをとる。[16呼間]

❼ パクッとほおばるときか

「パクッ」で両手を横に広げてから、「と」で頭の上で合わせてストップする。[計8呼間]

❽ なあ

全身をジグザグさせながらしゃがんで立ち上がる。[8呼間]

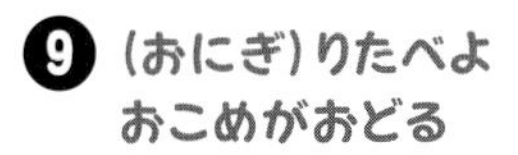

❾ (おにぎ)りたべよ おこめがおどる

その場で右左にジャンプする。この動作を2回。[8呼間]

❿ (パ)リパリの ～ ハーモニー

ポンポンを上げながら円の中心に走って、頭の上で振る。[8呼間]

⓫ わたしを ～ ありがとう

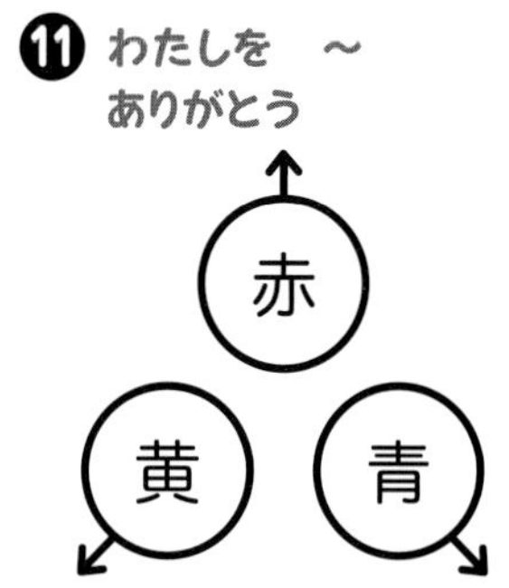

後ろを向いて❾❿と同じ動作でもどる。[計16呼間]

⓬ (もぐっ)とたべよ ～ はいってるの ?

❾の後、その場でポンポンを上で振り、最後に円の中を向く。[計16呼間]

⓭ ふしぎ

ストップする。[4呼間]

⓮ げんきになっちゃうよ

♪げんきになっちゃう ♪よ

ジャンプしながら、ポンポンを胸の前で4回振り、「よ」で両手を上げて振る。[8呼間]

⓯ いただきます ＋ 間奏A 7呼間

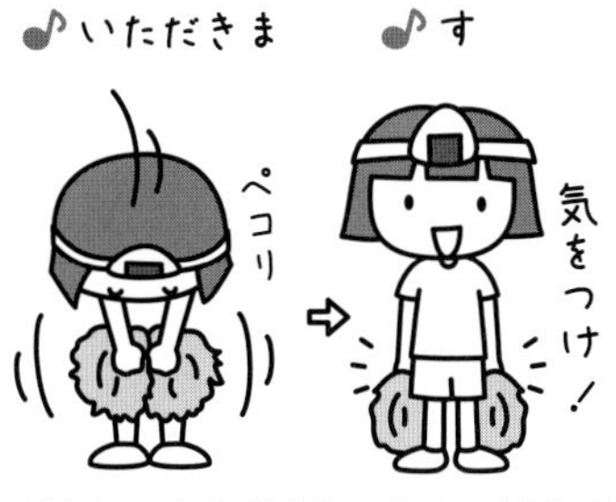

おじぎをしてから「す」で気をつけをする。[計12呼間]

⓰ 間奏B 24呼間

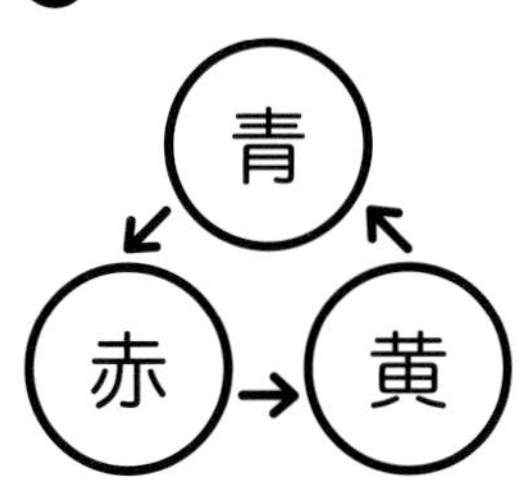

両手をおしりにあてて、走って隣の円に隊形移動する。または円の周りを歩く。

2番 ⓱ まあるい ～ いただきます ＋ 間奏A 7呼間

同じメロディーは1番と同じ動作(❷～⓯)をする。[計168呼間]

⓲ 間奏B 32呼間

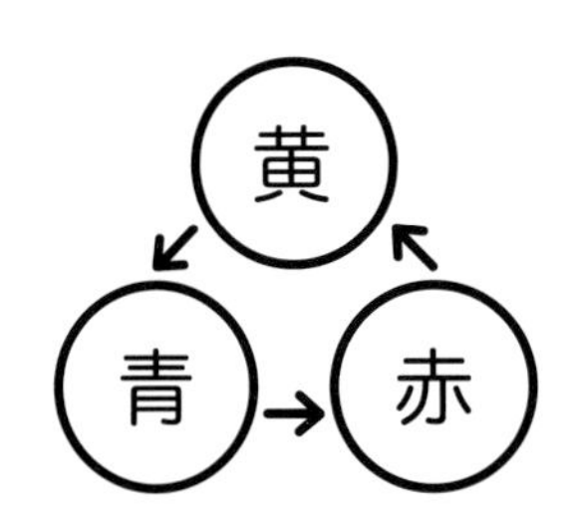

⓰と同じで、隊形移動をする。

⓳ (さみし)いときも ～ げんきになりました

❾～⓮と同じ。[計64呼間]

⓴ ごちそうさま ＋ 後奏7呼間

⓯の後、後奏の中で「ごちそうさま」と言いながら、ポンポンを頭の上で振る。[計12呼間]

CD 13

ハロー・マイフレンズ

対象
年少以下

隊形
3つ円 ○○○

準備 両手首にお花

❶ 前奏16呼間

円の周りを歩いてまわり、最後に円の中心を向く。

1番 ❷ あおい ～ きぶん

2呼間ずつ、両手は顔の横で、右足を斜め前に出してから、気をつけをする。次に左足。この動作を2回。[計16呼間]

❸ はなは ～ たからじま

4呼間ずつ、両手を頭の上でキラキラさせた後、しゃがむ。この動作を2回。[計16呼間]

❹ (ハ) ロー ～ マイワールド

その場で4回ジャンプする。[8呼間]

❺ (きょ) うは ～ ぼくも

顔の右左で2回ずつ手拍子する。この動作を2回。[計8呼間]

❻ (ハ) ロー ～ ともだちさ

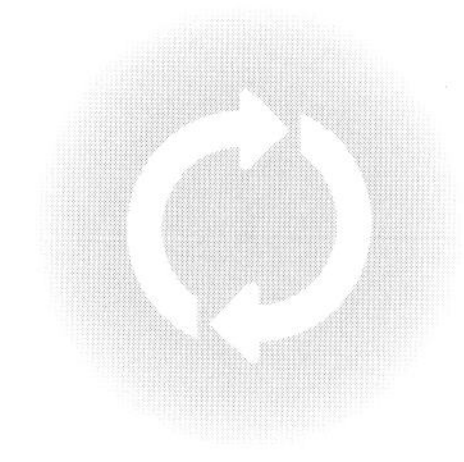

❹❺と同じ。[計16呼間]

❼ 間奏16呼間

❶と同じ。

2番 ❽ うみの ～ ともだちさ

同じメロディーは1番と同じ動作（❷～❻）をする。[計64呼間]

❾ もりも　～　ともだち

手をキラキラさせながらその場をまわる（反対回りも）。［計16呼間］

❿ （ハ）ロー　～　ともだちさ

❹❺を2回。［計32呼間］

⓫ 後奏16呼間

❶と同じ。最後に両手両足を広げてジャンプする。

お手玉渡しあそび

※お手玉の代わりに、ポンポンでもよいです。

円になって座る。

❶

音楽を聞く。

❷❸

お手玉を持って、ひざの上で6回リズムをとり、次に右隣へ渡す。

❹❺

2回リズムをとり、次に右隣へ渡す。

❻

1回リズムをとり、次に右隣へ。

❼❽

❶～❻と同じ。

❾

お手玉を上に投げて、たくさん手拍子をしてから拾う。この動作を4回。

❿

❹～❻と同じ。

CD 14

じゅげむじゅげむ(ユーモレスクより)

対象
全園児＋大人

隊形
二重円
(子どもが内側になるように)

❶ 前奏8呼間(波の音)

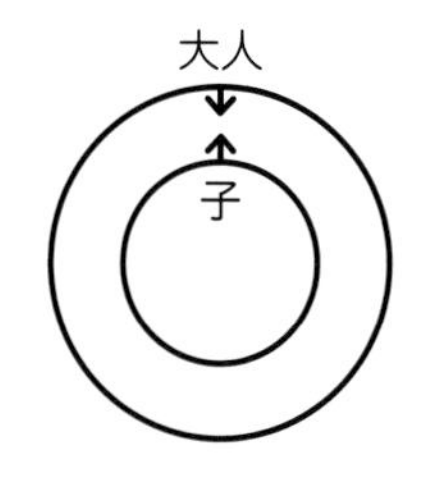

向かい合って音楽を聞く。

❷ えんぎの ～ なりました

右上から左下へ、両手で波を4回作る。次に左上から右下へ。この動作2回。[計16呼間]

❸ 間奏16呼間

両手を外側からまわして胸の前で合わせ、リズムをとる。

1番 ❹ じゅげむ じゅげむ ごこうのすりきれ

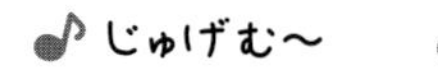

4呼間は、右手首を顔の横で4回まわす。次の4呼間は左手。[8呼間]

❺ かいじゃりすいぎょの

両手首を顔の横で4回まわす。[4呼間]

❻ すいぎょうまつ

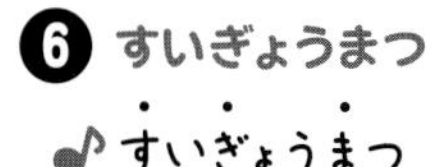

3回手合わせをする。[4呼間]

❼ うんらいまつ ～ すむところ

❹～❻と同じ。[計16呼間]

❽ やぶらこうじの ～ シューリンガン

4呼間で、両手を合わせたまま、1呼間ずつ交互に2回押し合う。「こうじの」ところはストップ。この動作を4回。[計16呼間]

❾ シューリンガンの　〜　ポンポコナの

4呼間で、両手をつないだまま、立ったりしゃがんだりする。この動作を3回。［計12呼間］

❿ ちょうきゅうめいのちょうすけちゃん

その場を素早くまわってから、頭の上で両手で合わせ、ハートを作る。［8呼間］

⓫ 間奏16呼間

4呼間は4回手拍子してから、次の4呼間で右隣へ歩いて移動する。この動作を2回して、止まったところで向かい合った人と組んで踊る。

2〜6番 ⓬ じゅげむ　〜　ちょうすけちゃん

同じメロディーは1番と同じ動作（❹〜⓫を4回、❹〜❿）をする。［計404呼間］

⓭ えんぎの　〜　なりました　＋　後奏8呼間

❷❸と同じ。［計24呼間］

落語風お話

※このCDを使ってお話をしてみましょう。

（波の音の中で）
N（ナレーション）：昔々のお話でございます。

1番 の歌

（間奏の中で）
N：って言う名前です。その子が大きくなって幼稚園（保育園）へ。ある時、別の子供があわてて

2番 の歌

子供セリフ：がね。大変大変外の石につまずいて転んだの。
先生セリフ：エー？

3番 の歌

先生セリフ：が石につまずいて転んで怪我したの？
子ども：そうなの

4番 の歌

子供：が大きな大きなたんこぶを作って泣いているの。
先生：大変だ。急いで行かなくちゃ

5番 の歌

N：のところに行きましたが、

6番 の歌

N：が、あまりに長い名前なので、説明しているうちにたんこぶが引っ込んでしまい、怪我は治ってしまったと言うことでした。
まぁどんなに縁起が良くても長い名前はちょっと困りますね。
ではちょうど時間となりました。べんべんべんべん終わり。

でんでらりゅうば

対象
全園児
＋大人

二重円
（子どもが内側になるように）

♫ひとことメモ♫
❽と❿の動作が難しいときは、❹と❻でもよいです。
⓭で相手が変わるのが楽しいです。

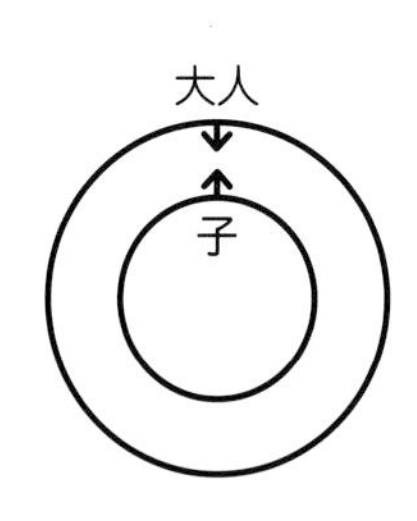

向かい合って音楽を聞く。

❷ 前奏B　16呼間（でんでら･･･）

両手のひらを合わせて8呼間でおじぎをする。この動作を2回。

自分の両手のひらを合わせる。[2呼間]

❹ りゅうば

両手合わせを2回。[2呼間]

❺ でてくる

❸と同じ。[2呼間]

❻ ばってん

両手を交差させて手合わせを2回。
[2呼間]

❼ でんでら

❸と同じ。[2呼間]

❽ れんけん

右左交互に手合わせをする（または❹と同じでもよい）。
[2呼間]

❾ でて

❸と同じ。[2呼間]

❿ こんけん

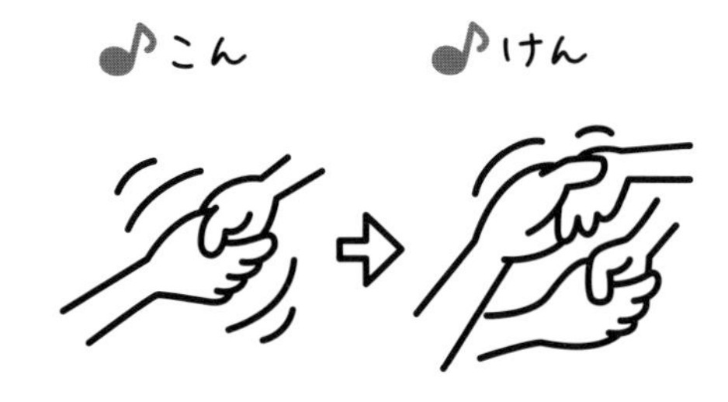

右左交互に、手を離さないで握手をする(または❻と同じでもよい)。[2呼間]

⓫ こんこられんけん　こられられんけん

手をつないだままその場を歩いてまわる。[8呼間]

⓬ こん　こん

「こんこん」の音に合わせて、両手合わせを2回。[4呼間]

⓭ 間奏4　＋　16呼間(でんでら･･･)

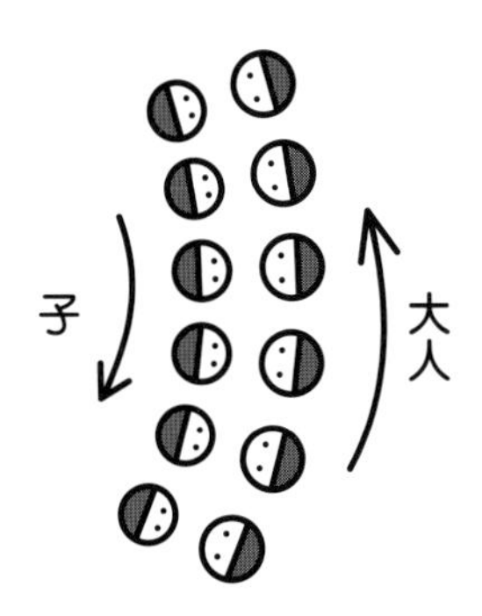

最初の4呼間は音楽を聞く。次の4呼間でおじぎをしてから、4呼間で右隣へ歩いて移動する。この動作を2回して、止まったところで向かい合った人と組んで踊る。

2〜6番 ⓮ でんでらりゅうば　〜　こん　こん
＋　後奏A　20呼間(でんでら･･･)

同じメロディーは1番と同じ動作(❸〜⓭を5回)をする。[計220呼間]

⓯ 後奏B　4呼間

両手のひらを合わせたまま首を細かく振る。

CD 16

月夜のポンチャラリン

対象 全園児

隊形 円

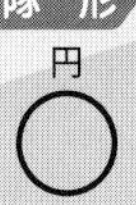

準備 うちわ2枚

❶ 前奏16呼間

進行方向を向いて、リズムに合わせておしりを振る。

1番 ❷ (ハ)アーーー　つきがきれいだな

4呼間で左下から右上に波をつくりながら進む。次に反対。この動作を2回。[計16呼間]

❸ やまの　～　おつきさま

2呼間ずつ、顔とおなかを交互にかくす。この動作を4回。[計16呼間]

❹ みかづき　～　ごあいさつ

2呼間ずつ、右手・右足を斜め前に出して4回リズムをとる。次に足を変えて左で。[計16呼間]

❺ ポンポン　～　(アドシタ)

4呼間で、うちわを2回たたいてから、片足を一歩前に出して両手を開く。この動作を4回。[計16呼間]

❻ ソレソレソレ　ポンチャラ

うちわを頭の上で右左に振りながら、その場を歩いてまわる。[8呼間]

❼ リン（リンリン）

3回ジャンプしながらうちわをたたく。
［4呼間］

2番 ❽（ハ）アーーー　～　リン（リンリン）

同じメロディーは1番と同じ動作（❷～❼）をする。
［計76呼間］

❾ 間奏16呼間

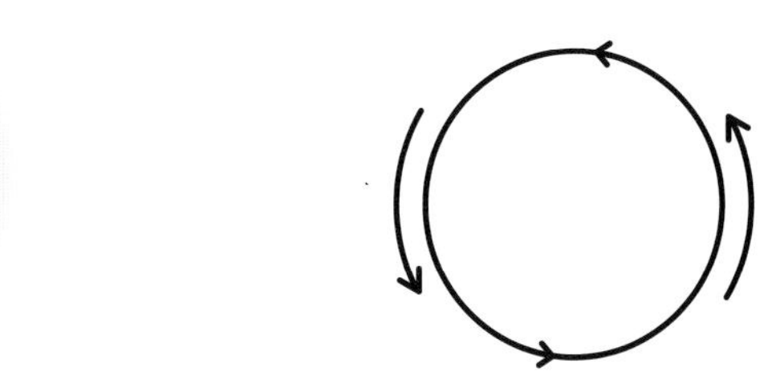

❶と同じ。

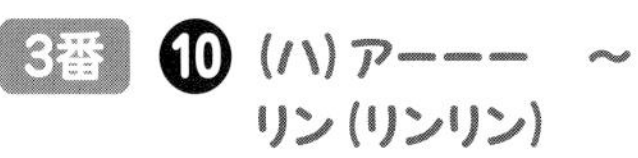

同じメロディーは1番と同じ動作（❷～❼）をする。［計76呼間］

⓫ ポンポン　～　リン（リンリン）

❺～❼と同じ。最後に円の外を向く。［計28呼間］

⓬ 後奏8呼間

胸の前で両手を交差させてから、頭の上でキラキラさせる。

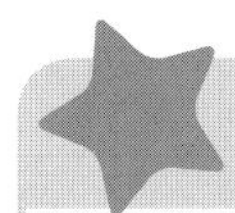

楽器あそび

準備 カスタネット、タンバリン、トライアングル、鈴

❷

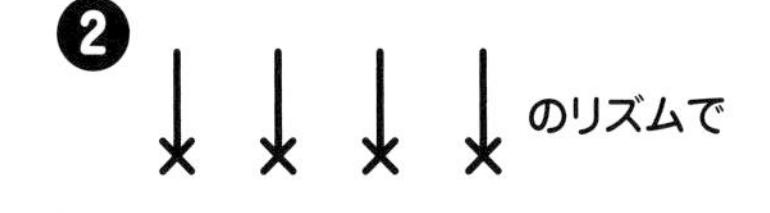

4回ずつたたく。

❸ のリズムで

3回たたいて1回休む。

❹

2回ずつたたき、次に1回ずつの動作を2回くり返す。

❺

チリ
チリ
チリ
シャラララ…

カスタネットとタンバリンが2回たたき、次にトライアングルと鈴がトレモロ、以上の動作を4回くり返す。

❻ ストップ（歌をうたう）

❼ 全員で❸と同じ。

CD 17
とんちんかんちん一休さん

対象 全園児＋大人　**隊形** 2人組で自由

♫ひとことメモ♫
❻の大人が大変ならば、まり役は子どもだけでもよいです（❺をする）。⓮⓯はハチャメチャになる楽しさがあります！

❶ 前奏8呼間

両手を合わせて向かい合い、音楽を聞く。

1番 ❷ すきすき　〜　すきすき

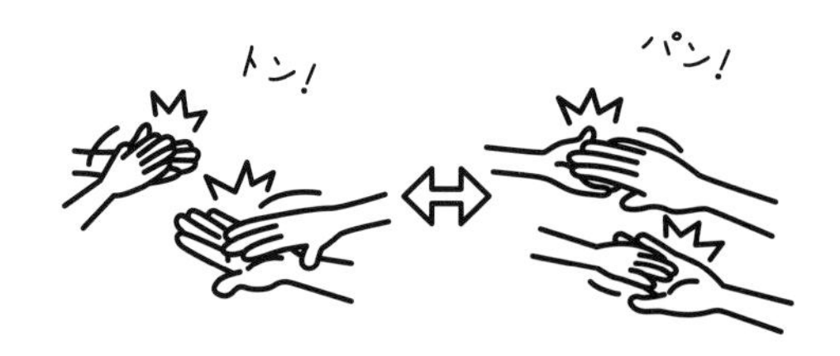

1呼間ずつ、自分の左手をたたいてから、次に相手の左手をたたく。この動作を4回。[計8呼間]

❸ あいしてる

両手を横に広げてまわし、最後に胸の前で合わせる。[8呼間]

❹ すきすき　〜　いっきゅうさん

❷❸と同じ。[計16呼間]

❺ とんちは　〜　いっきゅうひん

子どもがまりになって、8回まりつきをする。[16呼間]

❻ どきょうは　〜　いっきゅうひん

大人と子どもが入れ替わって❺をする。[16呼間]

❼ いたずら　〜　さんきゅうひん

❺❻と同じ。[計32呼間]

❽ アーアー　なむさんだ

お互い向き合い、両手を胸の前で合わせ、歌詞に合わせて上下に5回振る。[16呼間]

❾ とんちんかんちん　とんちんかんちん

4回手合わせをしてから、両手で4回頭をたたく。[8呼間]

⑩ きにしない

4回手合わせをしてから、両手を交差して4回胸をたたく。[8呼間]

⑪ きにしない　きにしない

4回手合わせをしてから、両手で4回ひざをたたく。[8呼間]

⑫ きにしない

4回手合わせをしてから、両手で4回つま先をたたく。[8呼間]

⑬ のぞみはたかく はてしなく

2回ずつで、❾～⓬をする。[計16呼間]

⑭ わからんちんども とっちめちん

1回ずつで、❾～⓬をする。[計8呼間]

⑮ とんちんかんちん

頭・胸・ひざ・つま先の順で1回ずつたたく。[4呼間]

⑯ いっきゅうさん

❸を速く。
[4呼間]

⑰ すきすき　～ いっきゅうさん

❷❸を2回する。
[計32呼間]

⑱ いっきゅうさん

❸と同じ。
[8呼間]

⑲ 間奏32呼間

8呼間は音楽を聞き、
次の24呼間は体を上
下にジグザグさせる。

2番 ⑳ すきすき　～ いっきゅうさん

同じメロディーは1番と同じ動作
(❷～⓲)をする。[計216呼間]

CD 18
納豆音頭

対象
全園児＋大人

隊形

二重円
（子どもが内側になるように）

♫ひとことメモ♫
運動会だけでなく敬老の日などでも保護者や祖父母と踊って、スキンシップを楽しめます。

❶ 前奏A　24呼間

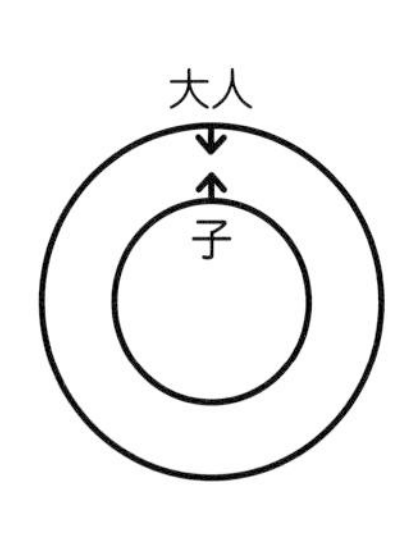

8呼間は、両手をつないで音楽を聞く。次の16呼間でリズムをとる。

❷ 前奏B　16呼間

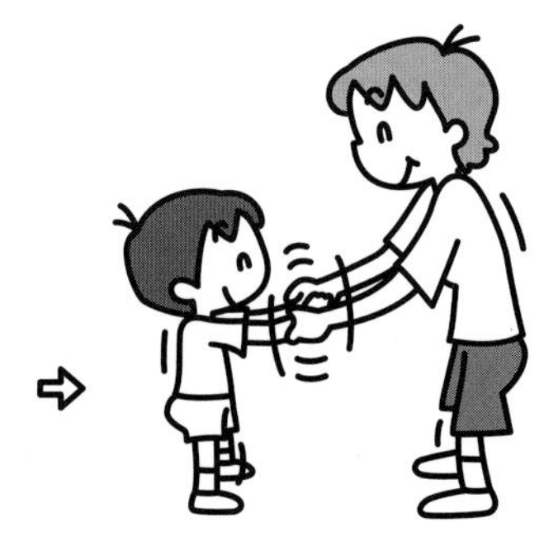

8呼間は、歩いてその場をまわり、次の8呼間でリズムをとる。

1番 ❸ なっとう　～　なっとうな

2呼間ずつ、かいぐりをしてから手合わせをする。この動作を4回。［計16呼間］

❹ 4呼間

手合わせをしたまま
ストップする。

❺ はしでくるくる　まぜるだけ

両手を合わせたまま、4回外側にまわす。
［8呼間］

❻ たまごをいれても　おいしいの

両手を合わせたまま、4回内側にまわす。
［8呼間］

❼ えいようまんてん　あじまんてん

右人差し指

2呼間ずつ、4回右人差し指を合わせる。［8呼間］

❽ （じん）せい　なっとうで　のりきろ

左人差し指

❼を左で。［8呼間］

❾ う

7回手合わせをする。
［8呼間］

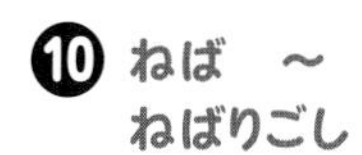
❿ ねば　～
ねばりごし

引っ張りっこをする。
［16呼間］

⓫ ねばれば　あしたも　ふくがくる

手をつないで、くねくねしながら立ったりしゃがんだりする。
［20呼間］

⓬ なっとうたべたいな

4回手拍子してから「な」で❾をする。［8呼間］

⓭ 間奏8呼間

❹と同じ。

2番

⓮ なっとう　～
たべたいな

同じメロディーは1番と同じ動作
（❸～⓬）をする。［計104呼間］

⓯ 後奏36呼間

8呼間は手を合わせたままストップする。次の16呼間で歩いてその場をまわり、
最後はぎゅっと抱きつく。

CD 1

忍者修行体操（虫の声より）

振り▶P6～9へ
歌詞▶P56へ

作詞：清水玲子
作曲：文部省唱歌、小西真理
編曲：小西真理

元の速さで
D♭ A♭ D♭ A♭ D♭
にんじゃしゅぎょう
G♭ A♭aug D♭ A♭ ゆっくり G♭ D♭/F
そのよん 「忍法分身の術」 「素早く前と後ろを向こう」 まえ うしろ まえ うしろ
E♭m7 D♭ だんだん速く G♭ D♭/F E♭m Fm G♭ A♭
まえ うしろ まえ うしろ まえ うしろ まえ うしろ まえ うしろ まえ うしろ
元の速さで
D♭ G♭ A♭ G♭ Fm B♭m E♭m A♭ D♭ B D♭ B A♭ A
まいにちまいにち やりとげよう ああおもしろい にんじゃしゅぎょう
D A D A D
にんじゃしゅぎょう
G Aaug D A ゆっくり G D/F♯
そのご 「忍法竜巻の術」 「体を大きく回そう」 グル グル グル グル
Em7 D だんだん速く G D/F♯ Em F♯m G A
グル グル グル グル グル グル グル グル グル グル グル グル
元の速さで
D A D A D
にんじゃしゅぎょう
G Aaug D A ゆっくり G D/F♯
そのろく 「忍法飛び石の術」 「大きく片足で横跳びしよう」 ピョン ピョン ピョン ピョン
Em7 D だんだん速く G D/F♯ Em F♯m G A
ピョン ピョン ピョン ピョン ピョン ピョン ピョン ピョン ピョン ピョン ピョン ピョン
元の速さで
D G A G F♯m Bm Em A D G F♯m B Em A D
まいにちまいにち やりとげよう ああおもしろい にんじゃしゅぎょう

CD 2

龍馬伝（NHK大河ドラマ「龍馬伝」オープニングテーマ）

振り ▶P10〜13へ

作曲：佐藤直紀
編曲：丹羽あさ子

インストのため、楽譜に曲構成A〜J とCDタイムをのせています。

A〜J ➡ F〜J

D 1:14
Fm
3
D' 1:31
4
E 1:33
D
A/C♯
Bm
F♯m/A
G
D/F♯
Em
A
A/G
F 1:50 2:48
F
C/E
Dm
Am/C
B♭
3
G 2:07 3:05
5
H 2:18 3:16
Dm
Am/C
B♭
C
Dm
Am/C
B♭
C
Dm
Am/C
B♭
C
Dm
Am/C
B♭
C
Dm
Am/C
B♭
C
Dm
Am/C
I 2:42 3:40
B♭
C
J 2:44 3:42

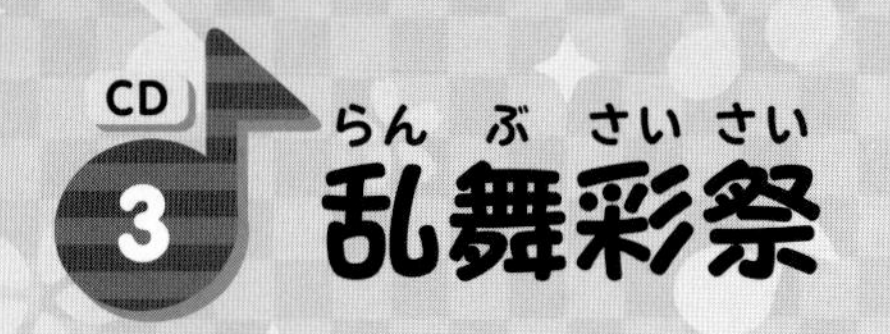

乱舞彩祭（らんぶさいさい）

歌詞▶P56へ

作詞：清水玲子
作曲：小西真理
編曲：小西真理

Fm B♭ G Cm
ー い さ ー ま し く ー ま い お ー ど れ ー い ろ
E♭ F A♭ Cm E♭ F
ど り の ゆ め の ー せ て い の り を こ め さ さ ー げ
G A♭ B♭ Cm
よ う ー あ つ き こ こ ろ ー あ つ き お も い ー み だ れ ー み だ れ ま い お ど れ ー
7
F♯m C♯m F♯m B
は な ー や か に ー ま い お ー ど れ ー い さ ー ま し く ー ま い お ー ど れ
ま つ ー り だ ー ま つ ー り だ ー ー
G♯ C♯m E F♯ A C♯m E
ー い ろ ど り の ゆ め の ー せ て い の り を こ め
ー た い ま つ に ー て ら さ れ て ー か ぐ ら だ い こ に う か れ だ し ー か が り び の ー ひ の こ あ び ー
F♯ G♯ A B C♯m
さ さ ー げ よ う ー あ つ き こ こ ろ ー あ つ き お も い ー み だ れ ー み だ れ ま い お ど れ ー
ま つ り ば や し に の っ て ー あ つ ー き こ こ ー ろ み だ れ ー み だ れ ま い お ど れ ー
Dm B♭ C Dm Dm
ま い お ど れ ー ま ー い お ど れ ー しゅ ん か しゅ う と う ま い お ど れ ー ま い お ど れ ー ま
B♭ Gm A Dm
ー い お ど れ ー ー ー ご こ く ほ う ー じょ う ま い お ど れ み だ れ ー み だ れ ま い お ど れ ー ヤー

CD 4

よさこい希望の海へ

振り▶P18～19へ
歌詞▶P57へ

作詞：清水玲子
作曲：藤尾 領
編曲：藤尾 領

A～E→A～D F D'

Dm E D
ほ を は ー れ (ほ を は ー れ) ソ レ ソ レ ソ レ ソ レ オー! な み
た ち あ が れ (た ち あ が れ) ソ レ ソ レ ソ レ ソ レ オー! あ ら
F Em Am Dm G C E F
の り こ ー え て す す め ひ か る か ぜ と と も に は て し な く つ づ く
な み こ ー え て す す め つ よ き か ぜ と と も に た か な る わ れ ら の
Em Am Em 1. E Am
う み へ き ぼ う を い だ き ゆ こ う!
こ ど う き ぼ う を む ね に め ざ
2. F Am F
せ! う み よ
C B♭
し ず か な る と き ー も あ ら ぶ る と き も み ま も り た ま
E F D' G♭ Fm B♭m
え ー な み の り こ ー え て す す め ひ か
E♭m A♭ D♭ F G♭ Fm B♭m Fm
る か ぜ と と も に は て し な く つ づ く う み へ き ぼ う を い だ き
G♭ A♭ B♭m
ゆ こ う! ー ー ー

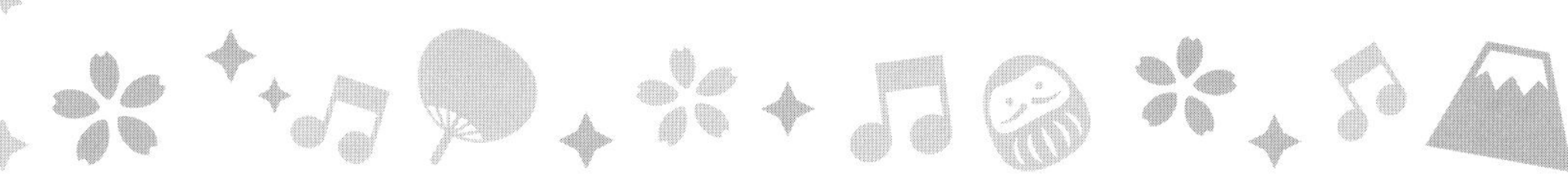

CD 1 忍者修行体操(虫の声より) オリジナル

忍者修行　其の壱
シュシュシュシュシュシュシュシュ
シュシュシュシュ…

忍者修行　其の弐
飛んで隠れ　飛んで隠れ
飛んで隠れ　飛んで隠れ
飛んで隠れ…

☆毎日　毎日　やり遂げよう
　ああ　おもしろい　忍者修行

忍者修行　其の参
右左　右左　右左　右左
右左右左…

忍者修行　其の四
前後ろ　前後ろ
前後ろ　前後ろ
前後ろ前後ろ…

☆くりかえし

忍者修行　其の五
グルグルグルグルグルグルグルグル
グルグル…

忍者修行　其の六
ピョンピョンピョンピョン
ピョンピョンピョンピョン
ピョンピョン…

☆くりかえし

CD 3 乱舞彩祭 オリジナル

☆舞い踊れ　舞い踊れ
　春夏秋冬　舞い踊れ
　舞い踊れ　舞い踊れ
　五穀　豊穣　舞い踊れ

ソーラン　ねぶた　七夕
(ソーラン　ねぶた　七夕)
ワッショイ　ワッショイ
ワッショイ　ワッショイ
(ワッショイ　ワッショイ
ワッショイ　ワッショイ)
秩父　郡上　御柱
(秩父　郡上　御柱)
ワッショイ　ワッショイ
ワッショイ　ワッショイ
(ワッショイ　ワッショイ
ワッショイ　ワッショイ)

祭りだ　祭りだ
たいまつに　照らされて
神楽太鼓に　浮かれ出し
かがり火の　火の粉あび
祭り囃子にのって　熱き心
乱れ乱れ　舞い踊れ　ヤー！

☆くりかえし

祇園　だんじり　裸祭り
(祇園　だんじり　裸祭り)
ワッショイ　ワッショイ
ワッショイ　ワッショイ
(ワッショイ　ワッショイ
ワッショイ　ワッショイ)
よさこい　どんたく　エイサー
(よさこい　どんたく　エイサー)
ワッショイ　ワッショイ
ワッショイ　ワッショイ
(ワッショイ　ワッショイ
ワッショイ　ワッショイ)

華やかに　舞い踊れ
勇ましく　舞い踊れ
彩の　夢のせて
祈りを込め　捧げよう
熱き心　熱き想い
乱れ乱れ　舞い踊れ　ヤー！

祭りだ
祭りだ
たいまつに　照らされて
神楽太鼓に　浮かれ出し
かがり火の　火の粉あび
祭り囃子にのって
熱き心
乱れ乱れ　舞い踊れ　ヤー！

☆くりかえし
乱れ乱れ　舞い踊れ　ヤー！

(華やかに　舞い踊れ)
(勇ましく　舞い踊れ)
(彩の)
(夢のせて)
(祈りを込め)
(捧げよう)
(熱き心　熱き想い)
(乱れ乱れ　舞い踊れ　ヤー！)

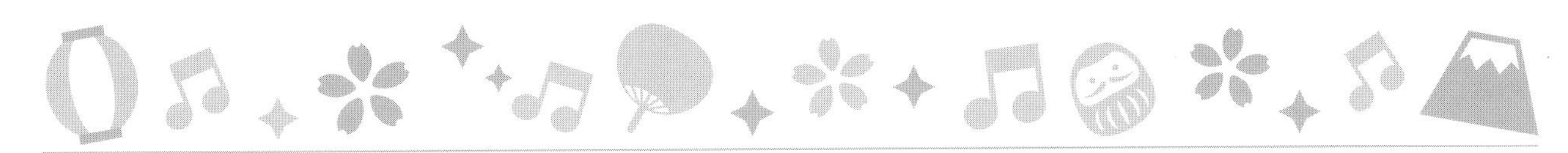

CD 4 よさこい希望の海へ オリジナル

遥か海の彼方に陽が昇り　水面煌めく
祈りと希望の声が　海原に響きあう

☆ドッコイドッコイドッコイ　ヤー！
（ドッコイドッコイドッコイ　ヤー！）
ワッセワッセワッセ　オー！
（ワッセワッセワッセ　オー！）
ドッコイドッコイドッコイ　ヤー！
（ドッコイドッコイドッコイ　ヤー！）
ワッセワッセワッセ　オー！
（ワッセワッセワッセ　オー！）

錨上げろ（錨上げろ）
狼煙上げろ（狼煙上げろ）
帆を張れ（帆を張れ）
ソレソレソレソレ　オー！

＊波乗り越えて進め　光る風と共に
果てしなく続く海へ　希望をいだき
ゆこう！

流れる雲がうごめき　嵐呼び　暗闇迫る
仲間と絆の力　勇気の血が騒ぎ出す

☆くりかえし

力の限り（力の限り）
心ひとつ（心ひとつ）
立ち上がれ（立ち上がれ）
ソレソレソレソレ　オー！

荒波越えて進め　強き風と共に
高鳴る我らの鼓動　希望を胸に
めざせ！

海よ　静かなるときも　荒ぶるときも
見守りたまえ

＊くりかえし

CD 5 ロックンロール県庁所在地

北海道は札幌お次は
（サッポロラーメン）
青森　秋田に岩手の盛岡
（わんこそば　わんこそば）
福島　山形　宮城は仙台
（笹かま　笹かま）

茨城の水戸に栃木は宇都宮
（しもつかれ　しもつかれ）
埼玉さいたま　山梨は甲府
（ほうとう　ほうとう）
群馬の前橋　神奈川の横浜
（しゅうまい　しゅうまい）

千葉に東京　長野に静岡
新潟　富山　石川の金沢
愛知は名古屋　岐阜と福井

県庁所在地…

三重は津に滋賀は大津
（ふな寿司　ふな寿司）
和歌山　京都に奈良に大阪
（たこやき　たこやき）
兵庫は神戸で岡山　広島
（生ガキ　生ガキ）

島根の松江に鳥取　山口
（ふぐ刺し　ふぐ刺し）
香川の高松　愛媛の松山
（いよかん　いよかん）
徳島　高知に福岡　大分
（城下かれい）

佐賀に長崎　熊本　宮崎
そして鹿児島　沖縄の那覇
ロックンロール県庁所在地
ロックンロール県庁所在地

CD 6 みんながみんな英雄

☆特別じゃない　英雄じゃない
みんなの上には空がある
雨の日もある　風の日もある
たまに晴れたらまるもうけ

＊振り向けば　君がいる
前向けば　友がいる
走って　転んで　寝そべって
あたらしい明日が待っている

悩んでは　忘れて
忘れては　悩んで
あした　あさって　しあさって
あたらしい未来がやってくる

いいことがない　うまくいかない
それでもお腹はへってくる
向かい風でも　つむじ風でも
寝転んでしまえばそよ風

空見れば　星がある
夢見れば　虹がでる
誰も　彼も　どんな人も
あたらしい世界をもっている

走っては　休んで
休んでは　休んで
泣いて　笑って　飯食って
あたらしい自分になってゆく

＊くりかえし

ラランラランラン…

☆くりかえし

CD 7 金毘羅船々(こんぴらふねふね) 〜サンバver. 〜

☆金毘羅船々　追い手に帆かけて　シュラシュシュシュ
まわれば四国は　讃州(さんしゅう)　那珂(なか)の郡(ごおり)
象頭山(ぞうずさん)　金毘羅大権現(こんぴらだいごんげん)
一度まわれば　シュラシュシュシュ
四国名物　後生楽踊り(ごしょうらくおどり)　シュラシュシュシュ
踊らにゃ損だよ　夜明けのカラスが
鳴くまで踊ろよ　阿波踊り
一度まわれば　シュラシュシュシュ
シュラシュシュシュ　シュラシュシュシュ
シュラシュシュ　シュラシュシュ　シュラシュシュシュ

☆くりかえし

金毘羅船々　金毘羅船々
金毘羅船々　金毘羅船々

☆くりかえし

シュラシュシュシュ　シュラシュシュシュ
シュラシュシュ　シュラシュシュ　シュラシュシュシュ
シュラシュラシュラシュラ　シュラシュラシュラシュラ
シュラシュシュ　シュラシュシュ　シュラシュシュシュ
シュラシュラシュラシュラ　シュラシュラシュラシュラ
シュラシュシュ　シュラシュシュ　シュラシュシュシュ

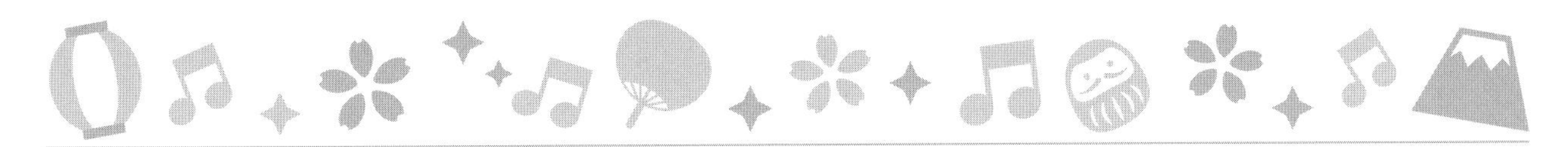

CD 8 子ども八木節

ア――
今宵あつまる　皆様がたよ
四角四面の　やぐらの上で
踊りだすのは　可愛い子どもら
しばしおめめを　ちょうだいしまして
笛や太鼓に　あわせて踊る

☆かけ声　手拍子　みんなで揃って
くるり踊ると　ヨーイサネ
ピーピーピーヒャララ　ピーヒャラピーヒャラ　ピーヒャララ
ピーピーピーヒャララ　ピーヒャラピーヒャラ　ピーヒャララ

ア――
今宵出しもの　子どもの踊り
四角四面の　やぐらの上で
踊りだすのは　可愛い子どもら
リズムあわせは　大変だけれど
笛や太鼓に　あわせて踊る

☆くりかえし

ア――
今宵あつまる　皆様がたよ
四角四面の　やぐらの上で
踊りだそうよ　輪になって踊ろう
しばしみんなで　楽しみましょう
笛や太鼓で　一緒に踊ろう

☆くりかえし
ピーピーピーヒャララ　ピーヒャラピーヒャラ　ピーヒャララ
ピーピーピーヒャララ　ピーヒャラピーヒャラ　ピーヒャララ

CD 9 たいようのサンバ

今日は朝から　お日様が光ってる
昨日の雨は　どこかにおいてきて
リュックにおかしを　思いきりつめこんで
ついでに夢も　思いきりつめこもう

☆心ウキウキ　気持ちフワフワ
冒険にでかけよう！
ちょっとドキドキ　だけどワクワク
何かおこりそう
たいようのサンバ　楽しいサンバ　みんなで歌おうよ
たいようのサンバ　楽しいサンバ　すてきな日曜日

緑の木影が　ひんやりと涼しいね
Tシャツのそで　そよ風にはらませて
ペダルをふむ足　ちょっぴり速くして
光と影のトンネルを　抜けていこう

心ウキウキ　気持ちフワフワ
君とボクとで行こう！
ちょっとドキドキ　だけどワクワク
いつも一緒さ
たいようのサンバ　楽しいサンバ　みんなで踊ろうよ
たいようのサンバ　楽しいサンバ　すてきな日曜日

☆くりかえし
たいようのサンバ　楽しいサンバ　みんなで踊ろうよ
たいようのサンバ　楽しいサンバ　すてきな日曜日

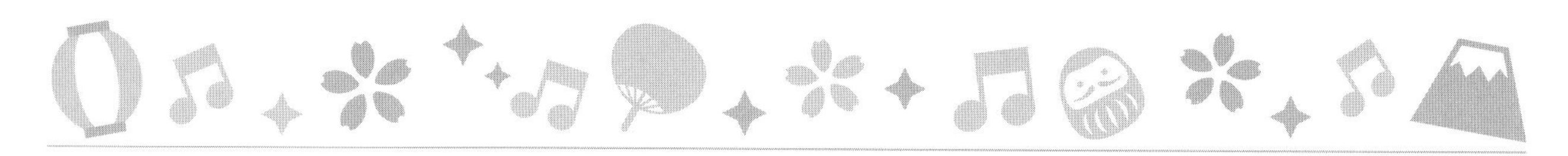

CD 10 ミッキーマウス音頭 ～カントリーver. ～

☆ミッキー　ミッキーマウス
　ミッキー　ミッキーマウス
　ミッキー　ミッキーマウス
　ミッキー　ミッキーマウス

おおきなこえで　さぁ
なまえよぼう「ミッキー」
せかいじゅう　みんなのともだちさ
げんきなうたが　きこえてくるよ「やっほー」
ポケットにゆめだけ　つめこみ　しゅっぱつだ

☆くりかえし

まるいちきゅう　そらにむかって「ミッキー」
せかいじゅう　みんなといっしょだよ
くももかぜも　おいかけてくる「OK」
たいようのメダルは　ぼくらのたからもの

☆くりかえし

てをつないで　どこでもゆこう「ミッキー」
せかいじゅう　みんなででかけよう
まっしろなちず　あしあとつけて「レッツゴー」
すてきなぼうけんが　ぼくらをまっている

CD 11 ずいずいずっころばし ～ポップスver. ～

☆ずいずいずっころばし　ごまみそずい
　茶つぼにおわれて　とっぴんしゃん
　抜けたらどんどこしょ
　俵のねずみが　米くって　チュウ
　チュウチュウチュウ

　おっとさんがよんでも　おっかさんがよんでも
　行きっこなしよ
　井戸のまわりで　お茶碗かいたの　だあれ

☆くりかえし

CD 12 SHAKE（シャケ）

☆まあるい形かな？
　さんかっけい　かもなあ
　それともさ　しかくかな　難しいね
　幸せの形は　たくさんあるからさ
　これだよと　決められるはずないの
　わたしにとってみれば
　美味しいものをね
　パクッと頬張るときかなあ

おにぎり食べよ　お米が踊る
パリパリの海苔が織りなす
奇跡のハーモニー
私を作ってくれる
美味しくてどうもありがとう
もぐっと食べよ　もうひとかじり
中身は何が入ってるの？
不思議　元気になっちゃうよ
いただきます

☆1番くりかえし

寂しい時も　悲しい時も
おにぎりが　私の背中を押してくれる
一粒一粒がほら
必ず力になるんだ

おにぎり食べよ　もうひとかじり
中身は何が入ってるの？
ありがとう　元気になりました
ごちそうさま

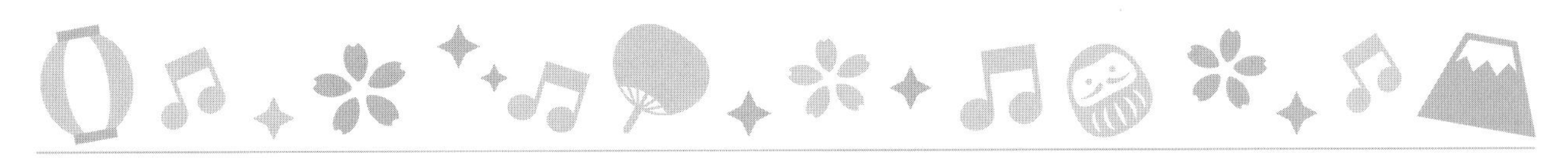

CD 13 ハロー・マイフレンズ

青い空に　ぽっかり白い雲
それだけで　ほらすてきな気分
花は咲いて　風はやさしいね
地球はぼくらの　宝島

☆ハロー　マイフレンズ
　ハロー　マイワールド
　今日は知らない　きみとぼくも
　ハロー　マイフレンズ
　ハロー　マイワールド
　明日はきっと　友だちさ

海のむこう　ことばはちがっても
同じ時間を　過ごしているよ
ひとりぼっちじゃ　そうさ悲しいね
心は神さまの　おくりもの

☆くりかえし

森も川も　鳥も太陽も
みんなみんな　だいじな友だち

☆くりかえし

CD 14 じゅげむじゅげむ（ユーモレスクより）

☆縁起の良いもの　たくさん集めたら　長い名前になりました

＊寿限無、寿限無　五劫の擦り切れ
　海砂利水魚の水行末・雲来末・風来末
　喰う寝る処に住む処　藪ら柑子の藪柑子
　パイポ・パイポ・パイポのシューリンガン
　シューリンガンのグーリンダイ　グーリンダイの
　ポンポコピーのポンポコナの
　長久命の長助ちゃん

＊5回くりかえし

☆くりかえし

CD 15 でんでらりゅうば

☆（でんでら…）
　でんでらりゅうば　でてくるばってん
　でんでられんけん　でてこんけん
　こんこられんけん　こられられんけん
　こん　こん

☆5回くりかえし

（でんでら…）

CD 16 月夜のポンチャラリン

ハア――　月がきれいだな
山のたぬきも夢をみる
いつか行きたいお月様
三日月　葉っぱ月　まん丸月
おなかポンっと打ってごあいさつ

☆ポンポン　ポンチャラリン　ポンチャラリン（アソレ）
　ポンポン　ポンチャラリン　ポンチャラリン（アドシタ）
　ソレソレソレ　ポンチャラリン（リンリン）

ハア――　月がきれいだな
里のほたるも夢をみる
いつかなりたいお星様
金色　銀色　花火色
おしり光らせキラキラ

☆くりかえし

ハア――　月がきれいだな
月のうさぎも夢をみる
おもちの出前をみなさんに
あんころもち　きなこもち　いそべもち
ちょいとのせてよ流れ星

☆2回くりかえし

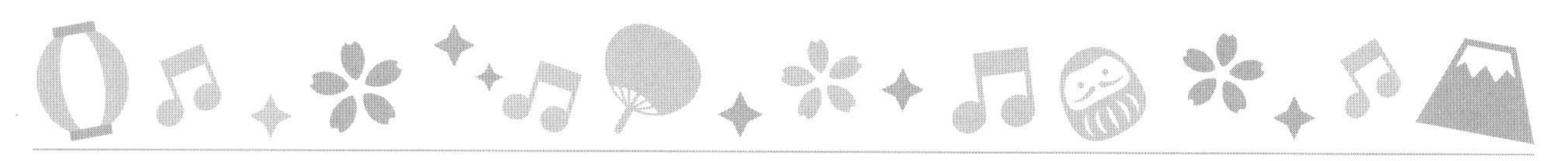

CD 17 とんちんかんちん一休さん

☆好き好き好き好き好き好き　愛してる
　好き好き好き好き好き好き　一休さん

とんちはあざやかだよ　一級品
度胸は満点だよ　一級品
いたずらきびしく　一級品
だけど　けんかはからっきしだよ　三級品
アーアー　南無三だ

とんちんかんちん　とんちんかんちん　気にしない
気にしない　気にしない　気にしない
望みは高く果てしなく　わからんちんども　とっちめちん
とんちんかんちん　一休さん

☆くりかえし
一休さん

☆くりかえし

心は優しく　一級品
おつむは　くりくりだよ　一級品
おめめは　かわいく　一級品
だけど　顔は残念だよ　三級品
アーアー　南無三だ

とんちんかんちん　とんちんかんちん　気にしない
気にしない　気にしない　気にしない
望みは遠く限りなく　わからんちんども　とっちめちん
とんちんかんちん　一休さん

☆くりかえし
一休さん

CD 18 納豆音頭

☆『納豆　納豆　納豆　納豆　納豆な
　納豆　納豆　納豆　納豆　納豆な』

箸でくるくる　混ぜるだけ
卵をいれても　おいしいの
栄養満点　味満点
人生　納豆で　乗り切ろう

＊ねば　ねば　がんばらねばねば
　ねば　ねば　粘り腰
　粘れば　明日も　福が来る
　納豆たべたいな

☆くりかえし

ポリフェノールに　アミノ酸
あなたの健康大使です
ご飯と仲良し　お友達
いろんな食べ方　してほしい

＊くりかえし

CD 23 パプリカ

曲りくねり　はしゃいだ道
青葉の森で駆け回る
遊びまわり　日差しの街
誰かが呼んでいる

夏が来る　影が立つ　あなたに会いたい
見つけたのはいちばん星
明日も晴れるかな

パプリカ　花が咲いたら
晴れた空に種を蒔こう
ハレルヤ　夢を描いたなら
心遊ばせあなたにとどけ

雨に燻（くゆ）り　月は陰り
木陰で泣いてたのは誰
一人一人　慰めるように
誰かが呼んでいる

喜びを数えたら　あなたでいっぱい
帰り道を照らしたのは
思い出のかげぼうし

パプリカ　花が咲いたら
晴れた空に種を蒔こう
ハレルヤ　夢を描いたなら
心遊ばせあなたにとどけ

会いに行くよ　並木を抜けて
歌を歌って
手にはいっぱいの　花を抱えて
らるらりら

会いに行くよ　並木を抜けて
歌を歌って
手にはいっぱいの　花を抱えて
らるらりら

パプリカ　花が咲いたら
晴れた空に種を蒔こう
ハレルヤ　夢を描いたなら
心遊ばせあなたにとどけ
かかと弾ませこの指とまれ

大迫力の龍に挑戦！ 運動会を盛り上げる手具の作り方

☆龍

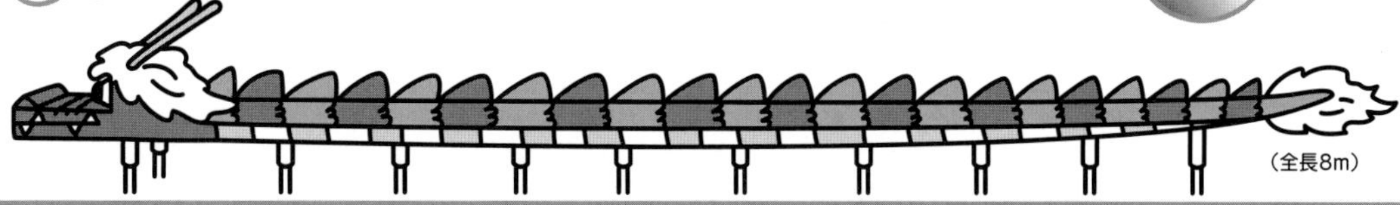

●頭部（段ボール2箱、または発泡スチロール2個）

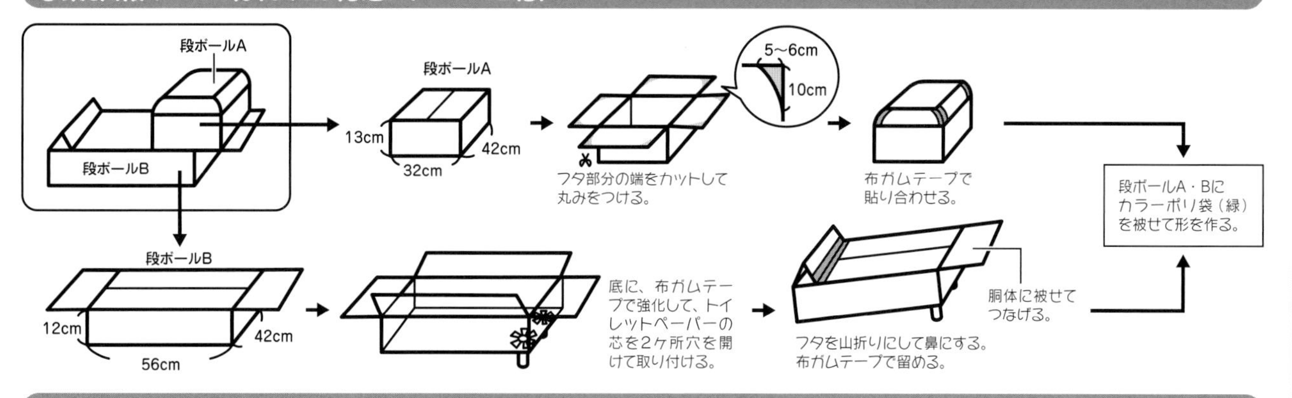

●胴体部（カラーポリ袋）

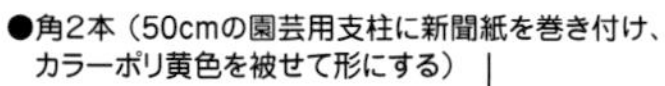
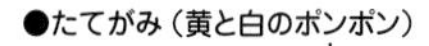

- ●角2本（50cmの園芸用支柱に新聞紙を巻き付け、カラーポリ黄色を被せて形にする）
- ●たてがみ（黄と白のポンポン）
- ●口・鼻筋（黒ビニールテープ）
- ●キバ（白画用紙）
- ●目玉（発泡スチロールのスープ皿×2）

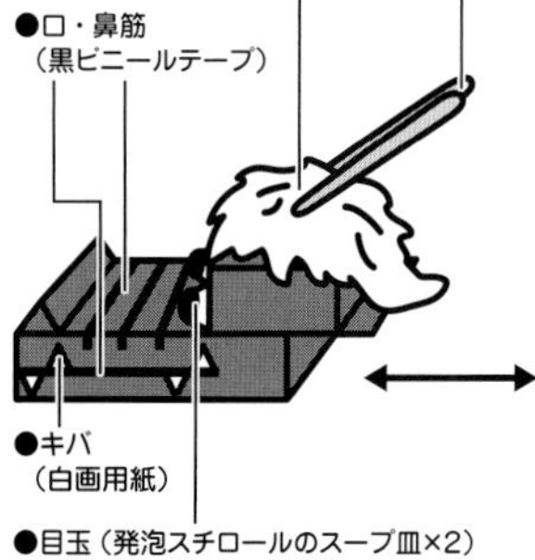

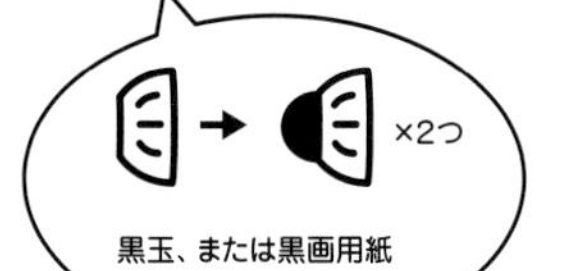

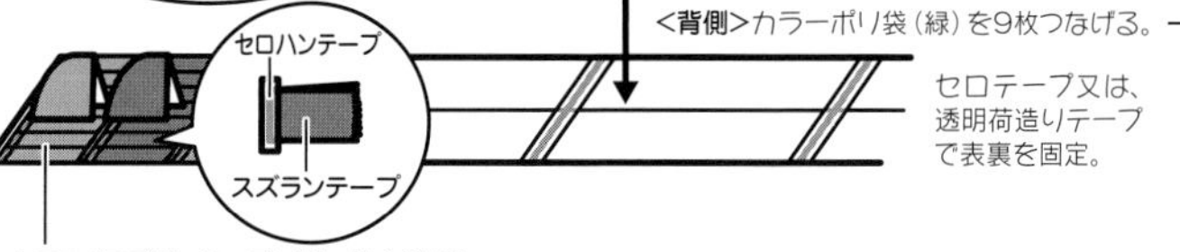

●背ヒレ（カラー工作用紙／緑・青を使用）
背の中央部に緑と青を交互に並べ、底幅を7cmくらい開いて透明荷造りテープで固定する。

<背側>カラーポリ袋（緑）を9枚つなげる。

セロテープ又は、透明荷造りテープで表裏を固定。

ウロコ（スズランテープ／緑・青を使用）
スズランテープ25cmを半分に折り、輪の方を背ヒレの色とサイズに合わせて留める

龍のお腹には、新聞紙または、クラフト紙などで厚みを出して固定する。

カラーボード（持ち手の固定のため）

<腹側>カラーポリ袋（赤と黄色を半分の大きさにカットして交互になるように合わせる）

最後に、背と腹を透明荷造りテープで留め、頭部と胴体を合体する。
尾の部分は、ポンポン（白・黄色）を付ける。

カラーボード（または段ボール）に穴を開け、強化したトイレットペーパーの芯を差し込み、布ガムテープで固定する。
腹部にも穴を開けて、カラーボードをガムテープで固定する。
（間隔は、カラーポリ袋2枚分です）

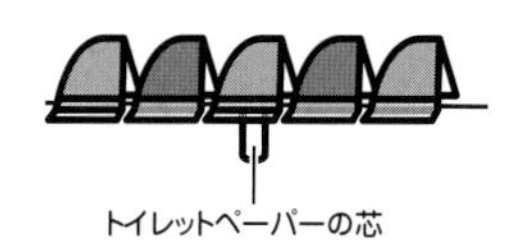

●持ち手（新聞棒）…腹部のトイレットペーパー芯に差し、さらに背ヒレの芯にも固定するとズレない。

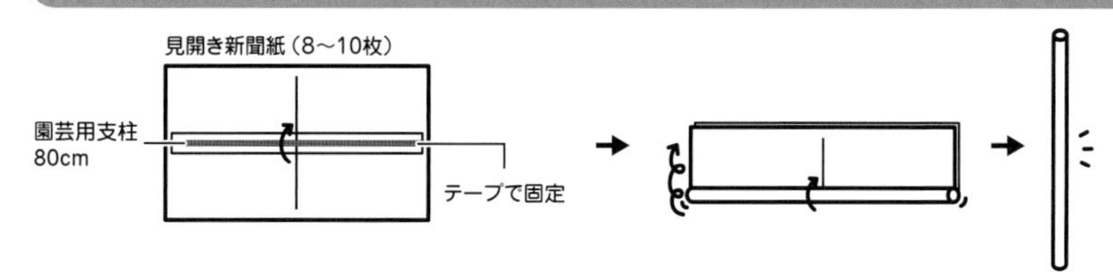

新聞紙（8〜10枚）の真ん中に、園芸用支柱（80cm）を置き、新聞紙を半分に折ってから巻くと、ズレずにきれいに仕上がる。
外側は、模造紙で巻くとよい。

☆雲（布うちわ）

★CD3 乱舞彩祭でも使います。

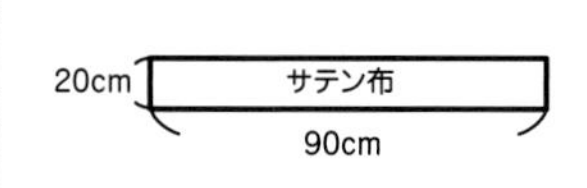

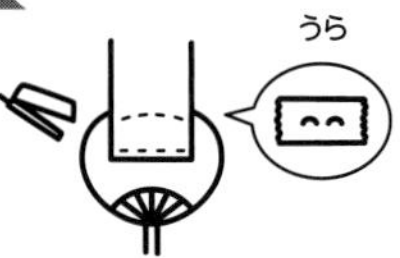

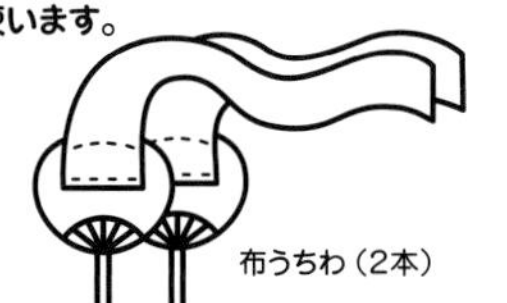

裏地用の布（サテン布など）を90cm×20cmを目安にカット。
うちわにステープラーで布を固定する（針の裏側は危ないので、セロハンテープ等で留める）
うちわの持ち手は、平たいものを使用。

CDブック

総監修　清水玲子
協力　リズム・キッズ・プロジェクト
（門山恭子・諸井優樹・藤原郁代・合田恵美・八井由花・飯島祐華）

表紙・CDイラスト　にしもと おさむ
本文イラスト　門山恭子／DTP協力　おがわ ようこ
楽譜浄書・DTP協力　高橋摩衣子

表紙・本文・CD盤面デザイン　K.C.D.W.

校正　株式会社円水社

CD制作・製造　キングレコード株式会社
（早野佳代子・高山健二）

編集協力　柴崎恵美子

企画・編集　多賀野浩子・調 美季子

発行日　2020年4月30日　初版第1刷発行

監修　清水玲子
発行者　小杉繁則
発行　株式会社世界文化ワンダークリエイト
発行・発売　株式会社世界文化社
〒102-8187　東京都千代田区九段北4-2-29
電話　03（3262）5615　編集部　※内容についてのお問い合わせ
03（3262）5115　販売部　※在庫についてのお問い合わせ
印刷・製本　図書印刷株式会社

ISBN 978-4-418-20715-2
JASRAC 出2001285-001